制造强国

重构产业与城市创新行动思考

MANUFACTURING POWER

周永亮 著

机械工业出版社
CHINA MACHINE PRESS

本书以活跃的笔触，论述了作者根据自己的观察、调研和大量的行业研究成果，对我国制造业转型升级过程的关键问题以及解决路径进行的思考。本书既有对我国制造业尤其是装备制造业宏观层面的观察和扫描，又有对我国制造业企业的微观研究与体验；不仅从全球经济及全球制造业发展趋势的角度论述了"中国制造"的优势、问题与走势，而且从产业、城市、企业三者的角度提出了如何推动"中国制造"向"中国创造"、"中国价格"向"中国价值"转变的解决方案。此外，本书还介绍了产业创新与城市创新、社会创新相融合的创新发展思路及相关模型。

本书为急需通过创新而实现突破发展的制造业企业家、投身于制造业领域的创业者以及希望向先进制造、高端制造转型的城市管理者提供了实用路线图。

图书在版编目（CIP）数据

制造强国：重构产业与城市创新行动思考／周永亮著. —北京：机械工业出版社，2020.8
ISBN 978-7-111-67256-2

Ⅰ.①制⋯　Ⅱ.①周⋯　Ⅲ.①制造工业-产业结构升级-研究-中国　Ⅳ.①F426.4

中国版本图书馆 CIP 数据核字（2021）第 003120 号

机械工业出版社（北京市百万庄大街22号　邮政编码100037）
策划编辑：刘怡丹　　　　责任编辑：刘怡丹　解文涛
责任校对：李　伟　　　　责任印制：李　昂
北京汇林印务有限公司印刷
2021年1月第1版·第1次印刷
170mm×230mm·13 印张·3 插页·134 千字
标准书号：ISBN 978-7-111-67256-2
定价：69.80元

电话服务　　　　　　　　网络服务
客服电话：010-88361066　机　工　官　网：www.cmpbook.com
　　　　　010-88379833　机　工　官　博：weibo.com/cmp1952
　　　　　010-68326294　金　书　网：www.golden-book.com
封底无防伪标均为盗版　　机工教育服务网：www.cmpedu.com

推荐序一：
要高度重视传统制造业

周博士的这本书从传统制造业的转型升级开始，阐明了先进制造业的带动性作用，论述了制造业强国的必要性和必然性，从产业结构、企业主体、城市创新的角度，提出了我国制造业的强盛路径，很有新意。

书中的有些观点，我是很赞同的，比如对传统制造业的重视，也就是对于"强基"的关注。我一直强调：在我国的高技术制造业、高端装备制造业、传统制造业三大制造业板块中，目前最有竞争力的产业是传统制造业，从这次全球新冠肺炎疫情暴发时各国纷纷抢购我国生产的防疫物资产品就可以充分证明。在我看来，传统产业其实不传统，经过改造提升就是先进制造业，"夕阳产业"成了"朝阳产业"，如纺织服装业等。

当然，这并不意味着我国的工业化基础已经很强大了，其实还是很薄弱的。这个基础是指我国在走新型工业化道路过程中，围绕工业化和信息化建设所需要的各类基础要素，是指工业赖以生存的基础和基础设施，包括基础零部件/元器件，基础材料，基础制造装备和检测设备，基础技术、研发和技术创新体系，基础文化、教育和人才，基础环境、基本政策等。根据中国工程院对26类制造业主要产业存在短板的分析，在当前及今后的一段时间内，产业基础的薄弱环节聚焦于基础零部件/元器件（包括高端芯片和传感器）、基础材料、基础检测检验设备和平台、基础制造工艺和装备、基础工业软件。工业化基础薄弱的问题是我国加快制造强国建设的核心问题，也是实现高质量发展的关键问题，更是解决人民日益增长的美好生活需要和不平衡不充分的发展之间的矛盾不可能绕过的重大问题。在这个历史机遇期，从供给侧改革入手，再造工业化基础，对于中国实现制造强国、摆脱发达国家的制约和封锁具有决定性的意义。

关于这一点，这本书给予了浓墨重彩，可见作者用心良苦，期望各位读者也能产生共鸣。

屈贤明
国家制造强国建设战略咨询委员会委员
2020 年 8 月

推荐序二：
制造业是国家力量的基石

周永亮博士是我的老朋友，也是我院强国战略研究所的所长，他的这本书应该是他这几年研究中国制造业的成果，体现了他对中国制造业发展的独立思考。

这本书突出的特点是，不仅有对中国制造业发展的宏观思考，也有对中国制造业企业的微观分析，其中不少是对中国优秀制造业典型的案例研究，体现了作者对于支撑中国制造力量的高度关注，也显示了作者多年从事咨询研究工作的功底，尤其是对中国制造发展背后的中国精神与智慧力量的论述，是最具特色的论述之一。

我长期从事产业发展研究，深知制造业的重要性，特别是装备制造业的重要性，可以说，装备制造业是整个制造业的脊梁，是国民经济发展的压舱石，尤其是在目前因疫情而导致的全球经济不确定性增强的形势下，更是如此。在此形势下，应系统设计我国重大技术装备领域的发展路径，按照制造强国建设总体部署，紧扣国民经济和国防建设需求，从研发—工程化—产业化三个环节协同聚焦，以补齐重大短板装备工作为重点，以智能制造为主攻方向，提升自主创新能力，摆脱进口依赖，突破国外禁运，实现重大技术装备创新发展；同时，应大力推动新型智库的建设，建立完善的咨询保障机制，为制定政策、标准规范等提供咨询建议；应大力推动军民融合，协调各方资源，共同推动技术突破和推广应用，迅速提升我国装备制造业的整体能力，应对日益复杂的国际竞争环境。

  从这个角度讲，这本书的出版恰逢其时，作者在书中以"重构"的表达方式提出了关于中国制造创新发展的一些具体思路和设想，对于身处制造业的企业家，以及希望培育先进制造业集群的城市决策者都有重要的参考价值。

徐东华

机械工业经济管理研究院党委书记、院长

2020 年 7 月

前言：

为制造业呐喊

2015年6月，我的老领导、刚刚就任院长的徐东华教授找我谈话，希望我牵头成立强国战略研究所。坦率地说，我对此没有什么思想准备，因为当时还不能确定强国战略研究所应该做什么，但是，这个名字本身已经承载了很多，因为"制造强国"是国策。

经过了一个月左右的思考，我觉得找到了方向：为中国制造业呐喊、为中国制造业企业服务、为推动制造业发展的城市赋能。

仔细想来，从1998年开始从事咨询顾问工作起，我接触过各行各业的企业，但最多的还是制造业企业。可以说，我体会过"中国制造"被别人嘲讽为"劣质低价"代名词的无奈，也体验了"中国制造"飞速崛起的快感，这其中最应该感谢的就是那些不懈奋斗的企业家和技术专家以及大批默默无闻的匠心工人，他们是中国制造的脊梁，是他们在别人嘲讽挖苦的时候依然坚守、发愤图强，决心做出高品质的"中国制造"。这批人不仅最终造出了"当惊世界殊"的新国货，而且创造了代表中国智慧、中国精神的中国制造文化与性格。

制造强国
重构产业与城市创新行动思考

  我把强国战略研究所的工作重心放在了制造业中具有代表性的群体上——制造业上市公司，尤其是装备制造业上市公司，而且每年出版一本《中国制造业上市公司价值创造年度研究报告》（由机械工业出版社出版）并在中国制造业上市公司价值创造论坛上正式发布，目的是观察上市公司对于中国制造的贡献与价值，因为它们毕竟是中国制造的佼佼者，拥有其他制造业企业所不具备的强大资本市场融资能力。经过多年的跟踪研究，我发现了一个规律：尽管有一些制造业上市公司令人失望，但整体上 A 股市场中的上市公司是比较抗跌的上市公司群体，同时，代表先进制造业的上市公司比例每年都在不断增加，基本上体现了资本市场对于中国制造转型升级的支撑作用。

  我的责任是，为中国制造业呐喊！为中国制造业的企业家们呐喊！为那些对中国制造崛起做出贡献的科研专家、一线工人呐喊！制造强国，他们是主力军。

目 录

推荐序一：要高度重视传统制造业
推荐序二：制造业是国家力量的基石
前言：为制造业呐喊

绪论：制造强则国强，企业家强则制造强 / 001

> **上篇**
> **睡狮醒来**

第一章　中国制造的成长：从职业管理者集群到企业家集群 / 012
　　一、创业英雄榜：企业家集群的崛起是中国制造崛起的前提 / 012
　　二、成长的秘诀：是创造的基因，并非自然的红利 / 014
　　三、华为的成长：拼命学习与疯狂研发的中国制造业标杆 / 019
　　四、方太的成长：不做 500 强，要做 500 年的极致专注 / 022
　　五、吉利的成长：通过并购扩张、控制产业链实现快速发展 / 027
　　六、新企业家集群：中国制造的主要推动力 // 030

第二章　中国制造的挑战：由多而大向强而精转型升级 / 032

一、中国制造的崛起：中国价格与中国速度 / 032

二、中国制造的成就：彻底结束短缺经济，建成高端装备体系 / 035

三、中国制造的严峻挑战：内在的劣势与外部的"卡脖子" / 037

四、中国制造的新考验：产业链巨变的挑战 / 040

五、从制造大国到制造强国：构建产品的全球领导力 // 044

第三章　中国制造的强盛：优秀文化哺育制造业领导者 / 047

一、中国制造的精神：根植于中国优秀文化的三大潮流 / 047

二、中国制造的文化群像：现代制造业精神之百花齐放 / 051

三、中国制造的智慧力量：从传统到现代的转化与超越 // 059

第四章　中国制造的价值：用户价值既是软实力也是硬实力 / 065

一、从中国价格到中国价值：中国制造的升级修炼之路 / 065

二、创造绝对价值：构建产品的绝对领导力 / 070

三、创建新商业文明：中国价值带来的智慧增长 // 073

第五章　中国制造的基石：强化制造业基础能力是关键 / 076

一、"卡脖子"之殇：制造业基础能力有明显短板 / 077

二、传统制造不再传统：强基的路线图与初步成果 / 080

三、蜕变的逻辑：转型是重构，升级是重生 // 082

第六章　中国制造的硬核：硬科技赋能先进制造业 / 090

一、赋能力量：用硬科技拉升中国制造 / 091

二、关键领域：抢占高端装备制造高地 / 094

三、创新路径：由"包养"模式向"散养"模式的转换 // 102

目 录

下篇 重塑战略

第七章　重新定义价值：从重评制造业上市公司价值开始 / 111

一、价值重塑：由单一价值提升为复合价值 / 111

二、价值重评：由数量决定的"大"提升为价值决定的"强" / 114

三、价值链重构：为创造真正的价值而变革 // 116

第八章　重新定义制造：新制造融合互联网培育新物种 / 124

一、制造的新要素：中国产业优势创造新物种 / 125

二、制造的新模式：深化智能制造，构建产业新优势 / 132

三、制造的新出路：产业互联网热的冷思考 // 134

第九章　重新定义系统：关键环节补课与体系路径转型 / 140

一、通过研发核心技术与工艺掌控价值链高端 / 141

二、补足短板推动价值链要素优化 / 143

三、从关键环节入手，寻找价值链新要素 / 148

四、苦练内功，强化既有价值链的硬度 // 150

第十章　重新定义产业：生态集群与专精特新冠军 / 156

一、构建生态：中国制造内部生态存在严重的失衡 / 157

二、冠军培育：中国制造业转型升级的"破局点" / 160

三、冠军之路：专注是灵魂，坚持是基石 // 163

第十一章　重新定义城市：培育先进制造业集群的城市创新 / 167

　　一、新规模效应：培育世界级先进制造业集群 / 168

　　二、新城市群：优质企业成为城市创新的发动机 / 171

　　三、新竞争力：构建现代城市的新产业吸纳力 // 175

第十二章　重新定义创新：构建联合创新的综合体 / 179

　　一、创新的焦虑：传统创新模式向新的创新模式过渡 / 179

　　二、产业城市融合：产业创新与城市创新的"产城创"新物种 / 181

　　三、由链到网：通过联合创新，推动创新的生态化 // 185

后记 / 190

参考文献 / 192

绪论：

制造强则国强，企业家强则制造强

　　甲午战争的耻辱让所有的国人都明白了一个简单的道理：落后就要挨打！清朝究竟在什么地方落后于一个曾经的藩属之国？很多人喜欢简单地归结为一个专制王朝的落后。我看过一个材料，甲午战争开战之时，几乎所有的日本国民都恐慌之极，认为即将亡国：对日本来说，清朝是一个超级大国的存在。从数据看，1894年清朝的GDP已经从19世纪中期占世界30%的比例降至不到10%，但仍然是日本的120%。可是，中国却败了，而且败得很快、很惨，更重要的是一败则难以恢复。第二次世界大战期间，1941年日本轰炸了珍珠港美军太平洋舰队基地，几乎令太平洋舰队遭到毁灭性的打击，就舰队而言，这一打击比清朝甲午战争遇到的打击严重得多，几乎摧毁了整支舰队，但是，美国很快就造出更多的航空母舰和其他战舰，最终在海军装备力量上远远超过了日本。这种转变靠的是什么？靠的就是强大的制造能力。1940年，美国的制造能力是日本的10倍，美国海军的"约克城"号航空母舰1942年5月在珊瑚海海战中受到重创，最初被判定需要3个月才能修复，但美国人只用了三天

制造强国
重构产业与城市创新行动思考

就基本完成了,其制造能力及效率可见一斑。而日本在甲午战争中对中国形成强大攻击力的恰恰也正是这种形成对比优势的制造能力。而今天,中国被认为已经崛起的重要指标恰恰也正是制造力量。2019年《财富》500强榜单中,我国装备制造企业数量由2012年的13家增至2019年的80家,超过美国,成为世界第一。中车、东电、一重、沈鼓、杭氧、徐工、华为、联想等企业进入世界同行先进水平乃至领先之列。

历史与现实都证明,制造业,尤其是装备制造业,是国民经济的支柱产业,是支撑国家综合国力的基石,高端装备制造业更被称为国之重器。大国,之所以是大国,首先是指制造业的强大。美国被称为超级大国以及世界最强大的国家,就是因为其强大的制造业以及制造能力,从第二次世界大战至今一直是当之无愧的超级大国,"美国制造"成为世界老大的品牌。到2019年,尽管美国制造业增加值仅占GDP的11%,但是美国制造业规模远高于其他国家。2018年美国GDP总量为20.5万亿美元,如果按照11%计算,制造业产值高达2.26万亿美元。而同为制造大国的日本,尽管制造业占比达20%,但是日本的经济总量只有4.96万亿美元,约为美国的1/4。2018年中国GDP总额90.03万亿元,相当于约13.6万亿美元,制造业产值占28.95%,也就是约为4万亿美元,在制造业产值上超越美国成为名副其实的世界第一。不过,在代表制造业水平的高端制造领域,美国仍具有绝对优势。美国制造业高科技巨头独占全球市场,苹果、微软、谷歌等公司是全球市值靠前的企业。高端制造中

绪 论
制造强则国强，企业家强则制造强

的"王中王"半导体产业是美国高端制造的核心领域之一，根据2018年的统计数据，美国芯片企业的全球市场份额超过了50%。日本尽管国土面积很小，但是强大的制造能力，使其曾经很长时间占据了世界经济第二强国的位置，而"日本制造"曾经一度风头盖过美国，在20世纪七八十年代席卷全球。至今，日本制造业增加值仍占GDP的20%，也达到了万亿美元。考虑到日本的国土面积、人口和GDP总值，这都是一个令人关注的数字。曾经的苏联更是依靠其强大的制造业而成为超级大国，与美国抗衡60年；印度尽管国土面积为298万平方公里，在全球国土面积排名中名列第七，但是未被世界承认是世界级强国，不就是因为其制造业还不够强盛吗？尽管其制造业增加值在2018年超过了英国、法国等传统制造业强国，但是其总量为4086.93亿美元，距离第五名的韩国还有近323亿美元的距离，相当于中国制造业产值的十分之一。

中国是公认的传统大国，无论是人口、国土面积还是GDP，可是从清朝中期以来，尤其是西方发生工业革命以来，一直被西方列强认为是弱国。今天的中国恰恰正是凭借制造能力的逐步强大，才被重新认为是一个大国和强国。"中国制造"正在由一个廉价品的代称变成"中国优质"的新代称。无论是美国的科技制造巨头苹果，还是德国制造老大西门子都已经深知，他们再也离不开"中国制造"，"中国制造"已经成为其全球价值链以及企业内部价值链中不可或缺的一环。这就是为什么特朗普当选为美国总统后一直倡导"复兴美国制造""再工业化"，不断要求制造巨头回归美国本土却难以实现的原因,不仅如此,代表新一代制造力的特斯拉则把全球最大的工厂设在了中国上海的浦东。特斯拉创始人兼 CEO 埃隆·马斯克在 2019 年 1 月 7 日出席上海超级工厂首次向社会用户交付中国制造 Model3 仪式并宣布启动中国制造 ModelY 项目时,诚挚感谢中国政府以及上海政府:"没有你们的支持,就没有特斯拉上海工厂今天的成绩。我们一起创造了令人惊叹的上海速度和全球汽车制造的新纪录。"据特斯拉上海工厂生产负责人介绍,目前上海工厂产量可以达到每小时生产 28 辆,每天开工 10 小时,目前每周的产量已超过 1000 辆,预计将来能到达 3000 辆/周。特斯拉上海超级工厂一期产能 25 万辆/年,总产能目标 50 万辆/年。这一"上海速度"展现了中国强大的制造技术和人才支持,更代表了中国制造能力在新时代的进化。

制造强,则国强;制造弱,则国弱。制造业如何才能强盛起来?

如果说到以现代工业为基础的制造业,中国的制造业发轫于清朝的洋务运动,初步建立了中国的现代制造业基础,主要包括机械制造、工程设备制造以及日常用品的现在制造体系,但是甲午一战暴露了这样的制造业体系是多么弱不禁风,其原因不是清朝不重视,不是主管官员李鸿章、张之洞等不重视,而是缺少一批真正的优秀企业家。尽管那个时候诞生了第一个投身于现代制造业的状元张謇,也催生了极少数的近代企业家,但大都是在外资、专制力量的压制下艰难地生存。这类制造业基本上是官员直接控制的经济单元,根

绪 论
制造强则国强，企业家强则制造强

本没有企业家的批量成长。到了民国时期，由于四大家族和外国资本的夹击，以及持续的内战和日本侵华战争，中国现代制造业更是七零八落，整个民国时期，尽管 GDP 的总值与日本相差无几，但是其中 95% 是农业，工业体系更多的是轻工业、重工业，装备制造业少得可怜。据统计，1945 年时全中国工业总产值中，东北地区占了 85%，台湾 10%，其他地区全部加在一起才 5%。

1949 年新中国成立后，以毛泽东主席为首的中国共产党中央、中央人民政府及其军事委员会制定规划，全力以赴发展经济，尤其是重点发展重工业。尽管对此很多人有争议，一些专家认为，应该发展与人民生活关系密切的轻工业即消费品制造业，当我们看到惨淡的装备制造业数据的时候，可以说，没有装备制造业的基础工业，哪里会有消费品制造业？

正是新中国的前 30 年，我们国家建立了完整的工业体系，尤其是制造业体系，其中最为完整的是装备制造业。按照联合国的分类标准，中国拥有了全世界最完整的工业门类，也就是说，中国完全可以制造出任何自己需要的产品。不过，由于客观以及主观因素，我们的制造业缺少开放的环境，基本上处于自我封闭的发展状态，体制上完全处于国有国营状态，利益分配上处于"大锅饭"的状态，大部分企业效率低下，且与国际制造业的发展逐渐脱轨。更为重要的是，在这种体制下，企业负责人均为职业化管理者，并不对企业的生死存亡乃至亏损承担责任。这期间，企业里诞生了一批又一批优秀的厂长和经理，但是并没有诞生真正对企业承担最终责任的企业家，以至于我们的制造业，除了在氢弹、核弹等个别重大装备领域还能与国际最高水平有抗衡能力外，在其他制造领域，或者绝大多数类型的制造业中，无论是产出规模、产出质量，还是产品种类、创新能力均与国际有了巨大的差异，尤其是与日本、韩国的差距距离越拉越大，整体水平被甩到了世界制造业的边缘地带。

1978年的改革开放成了中国制造业的一次重要转折点，中国进入了一个令世界惊诧的快速发展时代，"中国制造"迅速成为世界制造不可或缺的组成部分。改革开放最大的成果不仅仅是一批又一批产品的生产，也不仅仅是一批又一批新技术的诞生，最为重要的成果是一批又一批新中国乃至中国历史上真正的优秀制造业企业家的崛起，尤其是民营企业家的横空出世，柳传志、张瑞敏、任正非、谭旭光、鲁冠球、李书福、董明珠等，他们的名字不能被忘记。正是这些优秀企业家的崛起和罕见的坚持，我国的制造业具备了与世界高水平竞争的能力，同时还涌现出像华为的任正非这样世界级的企业家。

美国、日本和德国也一样，其制造业之所以能称霸世界，正是因为美国诞生了通用汽车的埃尔弗莱德·斯隆、通用电气的杰克·韦尔奇、苹果的史蒂夫·乔布斯、微软的比尔·盖茨、IBM创始人沃尔森父子和CEO郭士纳、特斯拉的埃隆·马斯克等庞大的企业家集群，日本则诞生了松下的松下幸之助、本田的本田宗一郎、丰田

绪　论
制造强则国强，企业家强则制造强

的丰田喜一郎、优衣库的柳井正以及现在到处讲学布道的稻盛和夫等。正是他们的企业家精神和使命塑造了他们国家的制造业，赋予了制造业创新的精神，而我们改革开放40年来制造业的发展也同样离不开优秀的企业家。可以说，没有优秀的企业家集群，就没有制造业的创新发展。

企业家强，则制造强。

中国梦是否能实现取决于中国制造业是否能够走向世界前列，而要完成《中国制造2025》的使命并推动中国制造走向世界之巅，一定要依靠一批优秀企业家的崛起。生逢其时是中国企业家和创业者的幸运和千载难逢的机会，而中国企业家如何承担制造强国的使命，则需要深刻地洞察新时代的机会，同时对于面临的挑战也要有充分的准备，提升自己抓住机会、解决问题的思维和能力。不管现在面对看起来多困难的问题或是遇到怎样意想不到的挑战，我们都应记住：欲戴皇冠，就要承皇冠之重。其实，只有克服了如此困难的企业领导者，才能称得上是真正的企业家。

上篇 睡狮醒来

2017年11月初,我随领导去德国法兰克福出差,参加欧洲金融周第二届"CHINA DAY"活动,刚到法兰克福机场的到达厅就看到迎面的一个小书摊在最显眼的位置摆着一本亮眼的杂志,德国最有影响力的杂志《明镜》,用中国的五星红旗作为封面,上面用橙黄的汉语拼音写着"xǐng lái!"(醒来)。我马上买了一本,尽管我不懂德文,但很快在网络上看到了译文,这是《明镜》周刊的封面文章,讲的正是中国制造的崛起,用了拿破仑曾在19世纪初在孤岛上会见刚刚从清朝回到欧洲的英国使者时说过的一句名言:中国是一头睡狮,当他醒来的时候,全世界将会为之震撼。而今天的中国制造确实不仅让美国感受到了前所未有的冲击,欧洲更是感受强烈,其中德国最为直接,尤其表现在最近5年来中国企业纷纷进入德国发起并购重组。据机械工业经济管理研究院强国战略研究所中德制造业与资本市场研究中心的数据,自2015年到2019年,中国企业每年并购德国企业的案件平均超过了20起,绝大部分集中在制造业领

上　篇
睡狮醒来

域。其中比较知名的有中国美的集团收购德国库卡机器人公司、吉利汽车与北汽集团先后控股奔驰的母公司戴姆勒集团、复星国际收购自动化解决方案提供商 FFT GmbH & Co. KGaA 等，还有海航集团收购德意志银行、柏林机场等，引发了德国社会各界的震撼。当我在 2017 年 11 月 5 日参加德国隐形冠军颁奖的晚会时，还收到了一位国内专注于投资高端装备制造业的私募股权基金朋友发来的微信，他让我一定要把隐形冠军的名单搞到，看看有没有并购的对象。我个人在 2015 至 2019 这几年参与接洽或顾问的中德并购案也有 20 多起。

　　中国制造走了怎样的一条路，才有了今天的局面？

第一章 中国制造的成长：
从职业管理者集群到企业家集群

一、创业英雄榜：企业家集群的崛起是中国制造崛起的前提

我从事企业管理、管理咨询、智库服务以及讲学工作已超过30年，应该说是中国制造崛起的亲历者，30年间，北京、上海这样城市里的制造型央企自不必说。20世纪90年代我曾数次考察温州，参访了数十家温州制造业，写了《温州资本》一书，后辗转于浙江、江苏等地的制造业集群，提供战略咨询与管理咨询，先后在浙江的杭州、宁波、义乌、嵊州、嘉兴和江苏的苏州、无锡、常州、南通以及湖南的长沙、株洲等制造业聚集区与企业家们一起打造新企业、畅谈新未来。正是这样的一线接触和调查，让我直接感受到了中国制造企业家一步步坚持不懈的努力，从而造就了中国制造的奇迹。根据世界银行与国家统计局数据，1984年，中国制造业产值为2544亿元，到2005年的时候，也就是改革开放

上 篇
睡狮醒来

刚过 27 年，中国制造就开始"征服"全世界了。2005 年 12 月，美国记者萨拉·邦焦尔发表了一篇轰动世界的文章，讲述了一个美国家庭因拒绝使用中国商品而经历的种种不适。她在书中写道：

"经过一年没有'中国'的日子后，我可以告诉你——没有中国商品你也可以照样活下去，但是你的生活会越来越麻烦，而且家庭开支也会大大增加。以后十年我可能没有勇气再尝试这种日子。"

她确实不会有勇气进行再次尝试了，到 2019 年 12 月 31 日，中国制造业产值达到了 386 165 亿元。凭借这些数据的变化，中国制造业产值占据世界第一的位置已经有五年了。而创造这一奇迹的主体正是一大批优秀的企业家与广大员工。

应该说，新中国成立后的前 30 年，制造业领域培育了一批优秀的职业管理者和核心骨干员工，他们有爱国情怀、有追求中国梦的使命感。正是他们在改革开放后通过改制或者选拔成为较早的一批企业家，其中不仅有任正非、张瑞敏、柳传志、宗庆后、鲁冠球、曹德旺等，还包括已经退休的国有企业领导人。可以说，没有他们，就没有制造业的崛起。

当然，改革开放刚刚开始的 15 年，我们经历了"中国制造"成为劣质低价代名词的尴尬阶段，发生了杭州武林门集中焚烧温州鞋子的官方事件，也出现了海尔张瑞敏砸冰箱的经典瞬间。

二、成长的秘诀：是创造的基因，并非自然的红利

很多人认为，改革开放 40 年来中国制造取得的成就，特别是民营企业家获得的成就是由于享受了时代的红利：大规模的市场、廉价的劳动力等。这种说法很难说是错误的，但却不是最为关键的，因为这种红利对于所有经济主体、所有时代都是一样的，而且这种红利是一种历史的自然状态，之前也一直保持自然的存在。所以，在我看来，这个时代，中国制造业的崛起与中国企业家的一个基因有密切关系，甚至是第一个最重要的要素，那就是饥渴般地学习。乔布斯对于苹果价值观的描述："Stay hungry"，就是永远保持求知若饥的状态，而中国制造业的很多企业家们绝大部分都有这种根深蒂固的基因，因为他们深知，如果不学习，甚至如果不疯狂地学习，就跟不上这个时代，就随时可能被淘汰，尤其是改革开放后走上时代舞台的第一代企业家们，他们大部分都没有受过良好且系统性的教育，面对中国羸弱的制造业，又见到了欧美发达国家的强大制造业，对于这之间的差距有切肤之痛。

2000 年前后，任正非到美国考察，到 IBM 参观时，一下就被 IBM 高效而强大的研发管理系统惊呆了，他知道这是正规军和游击队的距离。于是，他下定了决心，无论花多少钱也要学会这套管理模式。IBM 从来没有想到会有人学这些，更没有想到是中国的一家小小的民营企业来学习，于是给任正非报了一个价格：300

上 篇
睡狮醒来

美元到 680 美元不等。大家一听到这个价格觉得也太便宜了点，其实不是这样的，IBM 当时给华为派了 70 名顾问，这些顾问每小时的收费是在 300 美元到 680 美元不等，这对当时的华为可谓天价，而且他们在华为一待就是 5 年时间。据统计，这套研发管理系统让华为花了足足 20 亿元。这是什么概念？这几乎是当时华为一年的收入！很多人，估计包括 IBM 的人，都觉得任正非够"傻"的，对于这个价格都没有讨价还价。今天，还有谁认为当年的任正非"傻"呢？如果没有这"傻傻"的学习，怎么会有今天的华为？

我有一位企业家朋友，是江苏电缆领域的佼佼者，这家企业最早是一家中日合资企业，双方各占 50% 股份，使用日本品牌，因为那个时候"日本制造"绝对是品质的通行证。在高层管理方面，日方没有派一堆人，而是只派了一位总经理过来，具体技术和生产环节倒是相继派人进行指导。2012 年前后，合资到期，日方准备撤走，企业品牌也不能再用日本品牌，只能用中方品牌。日方总经理临回国前，中方为他饯行，结果，这个日本人吃饭时酒喝多了。他酒后吐真言："咱们一起工作将近 20 年，今天我该走了，告诉你们一件事，当时，我被派到中国来的时候，问上司到了中国企业应该怎么干，上司很神秘地说：什么也别说，什么也别干！心想，这是什么指令啊。到了中国企业以后，我明白了上司的意思，就是不要主动让中国人学技术。"回日本几年后，当退休的他再回到中国看望这家企业的时候，立刻就惊呆了：这家中国企业离开日本的管理和技术，干得比以前好得多，规模也大了不少，其中国本土品牌也已经成为业内的知名品牌。尽管很友好，但是他的内心还是认为，这家企业离不开日本人，结果发现根本不是那么回事。看到他的表情，中方老同事们都开心地笑了：日本人在这儿的10多年里，我们好好地当好学生，利用一切机会、一切方法、一切时间去学习，因为我们知道，日本人肯定留着一手，只有千方百计地学习，才能获得真正的能力，才能受人尊重。

在制造业内，像这样狂热学习的例子还有很多。这正是中国制造崛起的第一个基因。

勤奋致富是第二个基因。中国人的生存意识极强，勤劳的品质全球公认。华人走到哪里，不管面临怎样恶劣的环境，都能够生存下来，而且生存得很好，往往会成为当地相对富庶、受教育程度较高的族群。依靠勤劳致富，这可能是中国人祖祖代代传承下来的基因，正像国家领导人提到的"对美好生活的向往"是中国人的共同追求，而且这种追求是靠勤劳获得的，中国历来有"吃得苦中苦，方为人上人"的古训。

有一次，在德国的慕尼黑与一位德国朋友聊天，谈到中国人与德国人的比较，我说："在中国人的眼里，德国人勤奋、敬业、遵守规矩，就像工作机器一样。"结果，德国朋友听了以后，哈哈大笑："周博士搞错了，跟中国人相比，德国人哪里像机器人，中国人可以自觉工作十几个小时，而且连续多年如一日，德国人一天工作八小时，一分钟都不多干，中国人太勤奋了，德国人根本竞

上 篇
睡狮醒来

争不过中国人。"

我相信,正是有了这种勤劳致富的品质和追求,才能让企业家在遇到困难的时候,不后退、不逃避,而是迎难而上,坚持到底。我在浙江嘉善看到一位70后汽车零部件企业老板,其企业年收入超过3亿元,毛利润超过了30%。一种普通的汽车零部件,怎么会有这么高的毛利?等我知道了他每天(不分节假日)都要工作12个小时且没有什么娱乐爱好的时候,看到了他那分散在三个地方的简易车间和简陋的办公楼的时候,其实心中就有了答案。这样的企业家,我在苏浙以及山东一带遇到很多。他们与普通人最大的不同就是罕见的勤劳和专注,以及自律。这正是中国制造崛起的第二个基因。

敢于创新是第三个基因。制造业是不可能依靠自我封闭发展的,只有创新才是唯一正道,而中国制造的成长恰恰就是创新的推动力,这里有"敢为天下先"的创新思维,有"不求所有,但求所用"的拿来主义创新,也有"没有条件,创造条件也要上的"不甘服输的技术创新,还有"没有做不到,只有想不到"的客户需求模式创新。曾几何时,德国社会学家马克斯·韦伯在《新教伦理与资本主义精神》一书中有一个观点:新教精神及其形成的伦理是西方资本主义创新机制的根源。同时也得出了另外一个结论:东方的儒家伦理可能是东方不能诞生资本主义的精神根源,而且对现代社会的创新会产生阻碍。这一观点的提出似乎解释了西方资本主义工业化创新的崛起以及东方为什么不能诞生现代工业创新体系。其实，这是典型的事后诸葛亮的总结式分析。英国历史学家马克·泰勒在他的著作《为什么有的国家创新力强》中谈及20世纪70年代英国历史学家卡德韦尔阐述的一个定律：从数千年的历史看，一个国家的创造力只能维持短暂的时期。幸运的是，总有国家接过创新的火炬。作者进而认为，这一现象其实与国家体制没有什么直接关系，创新更重要的推动力是"国家不安全感"，因为他已经发现，从几千年的人类历史看，创新可以发生在任何一种体制下，只要这种体制活力充沛，有一种生存危机意识，就是所谓的"不安全感"，而中华民族以儒家文化为主体的意识体系中，"居安思危"恰恰是其最底层的逻辑。中华民族之所以能够繁衍数千年，中华文明之所以没有出现断裂，与这种根深蒂固的危机意识有关。而20世纪70年代末的改革开放全面释放了民族的这种危机意识，刺激了我们的企业家群体"只争朝夕""数风流人物，还看今朝"的创新意识和创新行为。而这一基因，仍然是中国制造业企业家在新时代取得新成就的基础推动力。

鉴于本书篇幅有限，我很难对改革开放40多年的制造业发展进行全景式扫描，力图通过三家典型企业的成长史来探讨优秀企业家在中国制造成长过程中不可替代的推动力。

上 篇
睡狮醒来

三、华为的成长：拼命学习与疯狂研发的中国制造业标杆

创业时期只有14个人、2.4万元资产，靠倒卖海外小型交换机起家的华为技术有限公司，2019年全球营业收入超过8500亿元，不仅成为世界500强的重要一员，排名第61位，还成为电信设备领域的全球领军企业。

华为成功的经验有千万条，我觉得，如饥似渴的狂热学习是最重要的，这是第一条。2014年5月，在英国伦敦接受媒体采访时，任正非反复强调的一个关键词：开放。他强调，唯有开放，才是促进华为进步的力量。两年后，2016年5月，任正非与华为的合作伙伴座谈时说："苹果公司很有钱，但是太保守了；我们没有钱，却装成有钱人一样疯狂投资。"这句话的意思不是说华为人大手大脚，而是说苹果因有钱而陷入保守。华为尽管没有像苹果那么有钱，但是因为心存危机感反而心态更加开放了。在任正非看来，华为天生有许多被约束的条件，民营企业、无资本、无背景、无历史，创始团队中无一人有过企业管理的经验，这些都迫使华为必须走开放之路，尤其是在面对国际市场的时候，封闭自我就会被踢出游戏之外。

只有开放才能虚心学习。正是如此饥渴学习的归零心态，任正非用28年时间花费20亿元向IBM学习研发管理以及高科技公司的管理，为了管理的现代化不惜"削足适履"，用他的话说："在这样

的时代，一个企业需要有全球化的战略眼光才能发愤图强，一个民族需要汲取全球性的精髓才能繁荣昌盛，一个公司需要建立全球性的商业生态系统才能生生不息。"基于此，在相当长的时间内，任正非都强调不搞"自主创新"，义无反顾地获取可以获取的现成技术，早期是能模仿就模仿，不怕别人笑话自己"模仿"和"偷学"，"拿来主义"更加务实高效，他说，"在我们创新的过程中，只做我们有优势的部分，别的部分应该更多地开放与合作"。

毫无顾忌地向标杆学习、向对手学习、向具有特殊优势的企业学习，成了任正非的饥渴学习性格。为此，他的一句口头禅是："不要脸"才能生存。他说他最"不要脸"，所以他进步最快，他也要求所有干部如是。"要脸"的人自尊心较强，就会不善于学习，也觉得没什么可以学习的，容易故步自封，成为井底之蛙。任正非心中明白，在竞争激烈的市场中，尤其是华为所处的电信设备以及信息技术领域更是一个瞬息万变的领域，稍有不慎，则万劫不复。

因为有了如此强烈的学习意识，华为的进步就变成了为生存而奋斗，其内在动力可想而知。

第二条经验，疯狂无解的研发投入。业内都知道，华为的研发是疯狂的，尽管它没有上市公司的融资渠道，早期也很难从银行那里借到钱，但是，任正非认准了一条道：身处这样的一个行业，核心技术是生存之本。因此，华为几十年如一日将研发费用保持在销售收入的15%以上。这是什么概念呢？根据公开的资料，2015年，

上 篇
睡狮醒来

苹果营收2330亿美元，实际研发投入为81.5亿美元，高通营收253亿美元，实际研发投入为55.6亿美元，而华为营收608亿美元，实际研发投入为90亿美元，比对手高通高出近40%。这算不算疯狂的投入呢？

投入这么多值得吗？任正非说过，华为研发20年浪费了至少1000亿元。这可是一个天文数字。但是，如果没有这样巨大的沉没成本怎么能有收获呢？当2019年5月16日美国签署法令，将华为列入"实体清单"，对华为实施"禁用"和"禁供"之后，有的美国议员直接在社交账号上发了一个"推特"：华为死了。但是，令美国人，更令全球惊诧的是，第二天，华为正式启用自己的芯片——海思芯片替代美国供应商的芯片，即使全部美国供应商断货，华为手机照样可以正常生产。"备胎"研发计划开始为世人所知。

1991年，华为就成立了Asic设计中心，即海思的前身。2004年，海思正式成立，主要是设计路由器芯片和网络设备调制解调器。2011年，余承东成为华为终端负责人，华为开始考虑为手机设计芯片。2012年，华为最神秘的部门"2012实验室"成立，这是华为的总研究组织，名字来源于2012年上映的电影《2012》。任正非观影后认为未来信息爆炸会像数字洪水一样，华为要想在未来生存发展，就要未雨绸缪，需要构造自己的"诺亚方舟"，并适当减少对美国的依赖。芯片每投片一次的成本都在百万美元以上。可以说，海思的麒麟芯片是任正非用大把大把的钱"烧"出来的。

凭借如饥似渴的开放学习、疯狂且不计成本的研发，华为走到了今天这个地步，给中国的制造业树立了一个标杆：如果想参与全球化的竞争，如果想成为行业的领袖，没有脱胎换骨的疯狂是不大可能实现的，因为这个战场太残酷了。

四、方太的成长：不做 500 强，要做 500 年的极致专注

2020 年 1 月 8 日，我应茅忠群董事长的邀请参加了方太集团的"春晚"——"方太杯"晚会。在这次晚会上，茅忠群宣告方太的销售收入超过了 120 亿元，并再次强调了在 2017 年达到百亿元销售收入时定下的 10 年千亿元战略目标。客观地说，在中国制造业领域，百亿元规模不是一个大企业的标准，但是方太在业内的影响力却是无可置疑的。1996 年以 2000 万元起家的方太，在 2019 年的品牌价值已超过 306 亿元，稳稳占据了厨电领域的冠军位置，在一个制造业的细分市场做到了极致。2008 年的时候，我问茅忠群"方太的对手是谁？"他的回答是"西门子"，而不是国内的任何一家同行，而且强调"西门子是对手，而不是标杆"，方太的标杆是一家德国高端品牌、百年家电企业米勒，用一句通俗的话说，"方太要做厨电领域的劳斯莱斯，而不是大众"。其战略目标是：要做 500 年，不做 500 强。可以看出，与华为不同，与诸多制造业企业更不同，方太显得很另类，我曾经称其为"逆商方太"，就是说，方太走了一条

上 篇
睡狮醒来

与国内很多制造业企业喜欢规模大、多元化这条大路完全不同的逆行之路。不过,今天看来,这才是制造业的"好孩子",这个"好孩子"有以下两个非常鲜明的特征。

第一个特征是专注。何谓专注?专注就是从创业第一天起下定决心做一件事,创造一种属于自己的以核心产品为基础的产业领域。这一点,茅忠群做到了,在这个领域,方太已经踏入王者的殿堂。

从成立那天起,方太就明确了要专注于厨房电器领域,以"专业、专注、专心"为公司的经营理念。方太从油烟机产品切入,20多年来一直耕耘于嵌入式厨房电器的研发和制造,拥有了吸油烟机、嵌入式灶具、嵌入式消毒柜、嵌入式微波炉、嵌入式烤箱、嵌入式蒸箱、水槽式洗碗机等九大产品线,2019年又推出了净水器,扩展了厨电路线。

其实,几乎所有企业家都会谈及"专注",坚持5年不动摇不算什么,坚持10年不动摇不容易,叫"十年磨一剑",可是,坚持25年不动摇那就走入"神"的境界了,茅忠群为自己确定的人生目标是"成圣",这就意味着,这种专注将成为他未来依然不变的坚持。

在经营过程中,方太不断遇到各式各样的诱惑和阻力,有产业方面的,也有地域方面的,还有各类机会方面的,更重要的是来自业内以及周边人士的压力。2006年,方太成立十周年,彼时业内的同行有的已经成为上市公司,依靠多产品、多元化规模快速将营业收入扩张到了 50 多亿元，而方太只有区区 20 多亿元。有的人就说风凉话"方太的名声那么大，整天谈文化，收入才那么少"。面对这些，茅忠群表现出了少有的偏执和坚韧："方太的目标是实现并保持中国厨房的第一品牌，全部精力都会放在厨房领域，不会涉足其他产业，不做大蛋糕，要做金刚钻。"

对于此，曾经担任方太集团副董事长的茅忠群的母亲张女士接受我的采访时说："在浙江，赚钱的机会很多，那时的方太有充足的资金进军慈溪的房地产市场，银行信誉也好，我们董事会内部也有较大的争议，但是总经理（指茅忠群）比较坚持，不愿意分心，不肯进入其他领域，坚持做专、做精。"这种"专注"，就体现在坚持关注方太的核心竞争力——产品力的构建上，将 80% 的资源聚焦于关键战略事项上，成就不可复制的战略实现力。

第二个特征是专业。方太依靠强大的技术研发实力和对市场需求的准确把握，始终坚持技术的领先。让"专业"成为消费者明确感知的方太专属特质。对此，茅忠群曾不止一次地对我们提及一家日本医院的例子：

"那家医院，做得多好，我忘记了，但我始终记得一个结果，日本很多人，甚至住在离医院很远地方的人都想生一场病，只为在这家医院住上一段时间。医院做到了这一点，真的了不起。所以，我觉得，企业不在大小，而在是否卓越，卓越就是做到使用户安心。"

上 篇
睡狮醒来

这就是茅忠群心中"专业"的印象,专业就意味着精品,精品的核心就是不仅要有苛刻的品质,还要有让人爱不释手的感觉。"中国制造"长期以来被国际上一些人认为是"低劣"的代名词,这跟我们国内制造业内的一种思想有关:很多人认为工业品做得再精致也看不见。而德国、日本的工业品则让人爱不释手,无论是汽车还是冰箱,或者是门窗、洁具等。近年来,中国制造的工业品开始性感起来,尤其是一批新工业品的出现,如军工领域的歼20战机,以及民用品中的高铁复兴号、华为手机等,国产货开始成为高档品的代表词,至少不再是一种低端的形象,也就是说,越来越显得"专业"了。在茅忠群的"专业"要求下,方太产品已经成为高端厨电的代名词。在商场里,过去是西门子厨电比方太的价格贵,目前最贵的是方太,而不是西门子。方太为什么能够做到这一点呢?这与方太极致的专业要求分不开。我们知道,传统的吸油烟机,不管功效如何,总会跑烟,甚至连客户也已经接受了多少跑点烟的情况,顾客选择吸油烟机的时候就是看看谁家吸收的烟更多一点罢了。方太又是如何做的呢?研发人员找到茅忠群,请示是按照国家标准还是按照国际标准研发新款吸油烟机。方太是这一领域国家标准的制定者,方太吸油烟机也早已超越了国家标准,而国际上又没有标准。茅忠群看着负责研发的副总褚永定问道:"国家标准也好,国际标准也好,都不是关键,最为关键的是用户标准,请问,你们说,用户使用吸油烟机的标准是什么?"大家相互看看,不知如何作答。还是褚永定说了:当然是不跑烟喽!茅忠群说:"那你们就按照这个标准开发产品吧！"这些研发人员一听就晕了，这不就是没有标准吗？哪有100%不跑烟的？再说了，怎么才算不跑烟啊？大家一合计，所谓不跑烟，一个标准就是让厨房没有任何味道，再者就是炒菜不辣眼睛！大家更晕了，自从这个世界有了吸油烟机以来，还没有听说用吸油烟机能够没有味道，也没有听说中国厨房炒菜不辣眼睛的，尤其是炒辣椒的时候。结果，茅忠群一下找到标准了：你们就用炒辣椒做测试，什么时候炒辣椒都没有味道，而且炒的时候不辣眼睛，你们就可以交差了！一个叹为观止的标准测试开始了：用炒辣椒，不断测试新开发出的吸油烟机的吸烟效果！结果，数千斤的辣椒成了工业原料，终于打造出了"风魔方"，其上市以后销量始终高居榜首。看来，专业的关键在于你是不是真正从用户的心出发，能不能真正体验到用户的感受，而不是抱着什么国家标准、国际标准；专业的标准，在于是不是有这种偏执的精神在一款产品上下足了功夫。

五、吉利的成长：通过并购扩张、控制产业链实现快速发展

对于中国制造业而言，吉利的成长是一种教科书式的成长：对内强调核心技术，对外讲究扩张发展，充分运用资本运作，构建强大的金融能力，迅速控制产业链。此前，我曾在1997年到台州看到过当时吉利展示的那款"车头像奔驰、车身像宝马"的汽车，并认为满口"汽车没啥了不起，就是一个发动机加四个轮子"的老板李

上 篇
睡狮醒来

书福是一个不知天高地厚的"疯子",连号称"企业教父"的柳传志都不相信他,一直劝李书福"干点正事"。但是,我们当时的课题组组长、一贯相信民营企业力量的著名经济学家钟朋荣相信他。今天,李书福成功了,用他超常的整合能力和惊人的坚持,使吉利成为行业的领军企业。2019年5月,我带领着乐创企业家俱乐部成员前往杭州湾吉利车间考察的时候,其车间的智能化程度在国内汽车制造业中都应该算是一流的了。

吉利的发展展现了两大突出的特征:核心技术拿来主义和控制整体产业链。这不仅仅体现在国内的扩张上,更体现在一系列的并购重组上,除了将沃尔沃收归中国品牌外,最令世界哗然的是对奔驰的控制。

2018年2月24日,吉利集团宣布,其已通过旗下海外企业主体收购戴姆勒股份公司9.69%具有表决权的股份,正式成为其第一大股东。就为这事,连曾经不相信李书福的柳传志都出来为李书福点赞。

吉利只是一个民营企业,一无技术优势,二无品牌优势,在百年老店戴姆勒面前实在显得很渺小,但是,当中国市场彻底拥抱民营企业后,吉利迅速成长。在一段相当长时间的积累后,吉利已经不止一次上演了这种"蛇吞象"的表演,其目的就是通过各种并购和收购获得自己需要的各种关键资源和能力。吉利此次收购戴姆勒,很大程度上就是看中了其在锂电池和燃料电池方面的领先技术,因为吉利要拿下电动车市场，就要握有一定的筹码，在与戴姆勒提出合资共建电动车被拒绝之后，才开始了这次的"曲线救国"的历程。战略管理的资源能力学派有一个 VRIO 模型[一]，就是一种判断企业关键资源能力的方法论。当企业清楚了自己下一步的发展方向时，就可以通过这些方法去判断哪些资源和能力是未来最需要掌握的。资源和能力的获取要么是内部积累，要么是外部整合。至于选择哪种方式，这就要看是什么驱动着企业发展了。有的企业是量体裁衣型的，有多少资源就干多少事，稳扎稳打。这样的企业一般都会选择通过内部积累获取关键资源和能力。有的企业则不同，它们属于市场环境驱动型，强调的是对市场机会的快速把握，其中的典型就是吉利集团。

李书福在不到 20 岁的时候，就向父亲要了 120 元，买了照相机到街上为路人拍照赚钱。如果他是内部资源能力导向的创始人，那他要么可以成为一名摄影师，要么可以成为影像行业的企业家，这都不好说。可驱动他的是中国正在蓬勃发展的市场。没过多久，他就看好中国家电市场的机会，与朋友合伙创办了黄岩县石曲冰箱配件厂，接着开始自己生产电冰箱。1989 年，他们厂的年产值就超过了 1000 万元。到了 20 世纪 90 年代，李书福又看到了摩托车正在沿海城市快速流行起来，他又取得了一张摩托车生产许可

[一] VRIO 模型：价值（value）、稀缺性（rarity）、难以模仿性（inimitability）和组织（organization）模型，由杰恩·巴尼提出。

上 篇
睡狮醒来

证,跑去一家濒临倒闭的国有摩托车厂,造起了踏板摩托。按常理来说,这些行业之间任何关系都没有。李书福这样跳来跳去,凭什么就能活下来呢?他是如何掌握那些支撑企业发展的关键资源和能力的呢?你可以说他之前的这些经历是因为特殊国情,可这之后李书福的造车之路,却让我们看到了一个现代企业家的资源整合能力。很多传统企业老板都觉得,我创办的公司就是我的,不但分不清个人财务和公司财务,连与合作者、团队成员的契约关系也不遵守。结果把融资做成了烂账,把管理搞成了道德绑架,自然也就谈不上资源整合。而李书福早早就学会了这一课。1999年,国家拉动内需,汽车和房地产成为热点。没有汽车生产许可证这一关键资源的李书福,就通过合资的现代公司行为,与拥有生产经营权的一家汽车厂共同成立了四川吉利波音汽车有限公司。2011年,吉利顺理成章地成为首家获得轿车生产资格的民营企业。而这只是开始,真正让李书福和吉利在国际汽车行业崭露头角的还是那次对于沃尔沃的收购。通过与福特的博弈,吉利获得了沃尔沃9个系列产品、3个最新车型平台、2000多个全球网络,以及品牌价值、人才、重要供应商等各种汽车行业发展必须的关键资源和能力。当然,这个过程也让吉利培养出了其区别于其他汽车企业的"并购能力"。在此之前,吉利已经具有了两次跨国并购的经验,一次是2006年控股英国锰铜,另一次是2009年全资收购全球第二大的澳大利亚自动变速器公司DSI。按照李书福的话说,这两个项目并购都是直接用海外资金,用并购的资产做抵押向海外银行贷款，或者在海外资本市场发债发股。收购沃尔沃之所以能成功，之前的国际并购经验功不可没。

之后，吉利汽车与沃尔沃之间的技术与管理不断磨合沉淀，使得李书福对于整个行业规律的把握更加炉火纯青，最终收购戴姆勒股份公司9.69%的股份。可以说，吉利在最好的时机迎来了最快的发展，通过这次以市场换技术为目的的海外并购，吉利又向全球化企业迈进了一大步。现在吉利的规划是，到2025年实现年产销300万辆，进入世界汽车企业前十强。我们拭目以待。

六、新企业家集群：中国制造的主要推动力

今天，制造业企业家集群已经成为影响世界制造业的力量，除了前文提到的知名企业家，比如潍柴动力董事长谭旭光、格力电器董事长董明珠、美的集团董事长方洪波、小米科技董事长雷军、联想集团董事长杨元庆等，我们在最近研究制造业上市公司的过程中也发现了一大批低调前行的中国制造业企业家，比如中国中车、航天科技、航天科工、上汽集团、康力电梯、鲁西化工、华鲁恒升、赛为智能、中天科技、杭萧钢构、北汽集团、威达股份、长城汽车、大疆无人机、海康威视等企业的老板或董事长，他们不一定很有名，但是其目标远大、战略清晰、稳健前行，代表了制造业的核心能力，坚韧而专注，体现了肯于坐冷板凳的中国制造企业家精神。

上 篇
睡狮醒来

值得欣慰的是，新时代的制造业企业家集群展现了更加多元化的来源特征，其中主力军仍然是传统制造业企业家，他们转型升级而发生了蜕变，也有些互联网大佬进入制造业成为新制造的探索者，这其中除了小米之外，还包括百度、阿里巴巴、360等，当然，还有我们寄予厚望的依靠技术进入制造业的独角兽们，因为其在硬科技领域的成绩代表着中国制造的制高点、代表着中国制造的未来。过去的30多年，我国之所以能取得举世瞩目的经济成就，很重要的一个原因就是改革开放激活了人的创造力、激活了企业家精神，让潜在的企业家变成了现实的财富创造者、创新活动的实践者。从某种意义上说，企业家就是创新家，是决定企业兴衰的主要力量，是推动社会创新的重要力量。

第二章　中国制造的挑战：
由多而大向强而精转型升级

我国的制造业于新中国成立后的 30 年间建立了完整的制造业体系，尤其是装备制造业体系，自 20 世纪 70 年代末改革开放以后，经历了快速发展和强势崛起，尤其是消费品制造业成为制造业发展的拉动力量，装备制造业也得到了快速发展。

一、中国制造的崛起：中国价格与中国速度

20 世纪八九十年代，随着改革开放政策的深入、民营经济的崛起，以及全国各地工业园区的兴建，大批外资企业纷纷涌入，中国消费品制造业发展迅速，随后由于发达国家的"去工业化"产业转移，以及国内发展的需求，装备制造业也进入了快速发展通道。2001 年，中国加入 WTO（World Trade Organization，世界贸易组织），中国制造业进入了新一轮的迅速发展期，船舶、机床、汽车、工程机械、电子与通信等产业的产品创新尤为突出，进而

上 篇
睡狮醒来

又拉动了对重型机械、模具以及钢铁等原材料需求的大幅增长，从而带动了整个制造业产业链的发展。

就在这个时候，"Made in China（中国制造）"成为中国经济给全世界印象深刻的词汇，中国也被全球制造业视为"世界工厂"。与此同时，价格优势成为中国制造的一张重要底牌。2004年12月的《商务周刊》封面赫然出现了"中国价格——美国产业最恐惧的四个字"，这篇封面文章详细地描绘了中国出口产品依靠其低廉的价格已经让美国传统制造业全面萎缩。美国的一些政府官员、学者还有小企业老板开始认为中国对美国制造厂商和工人的生存构成了威胁，中国制造业同行会毁掉美国从厨具、轮胎到电子线路板等众多制造业。更令美国企业担心的是，中国出口的产品已经不仅仅是服装、家具等劳动密集型产品，已经有迹象表明中国的网络通信设备甚至汽车都可能成为主要的对美出口商品。在通信设备方面，大到路由器，小到网卡等产品的中美价格差都在40%以上。当然，这种低价格的前提是低成本，但是并不意味低质量。大家都非常清楚，我们供应全球的商品都是经过客户方严格检验的，无论是纺织品还是家电，都是如此。我记得，1998年，我作为顾问到浙江为嵊州市做产业规划的时候，调研发现，嵊州被称为继意大利米兰、韩国大邱之后的世界领带之都，全世界每4条领带中一定有一条是嵊州生产的，而且几乎全世界所有的高端领带品牌，都在这里设有加工厂。同样一条领带，如果贴上意大利的某品牌，价格可能是上千元，如果贴上当地的牌子，10

元都不到，其实成本是一样的。可见，这个价格优势并不是靠低劣的质量而是靠总体的低成本形成的。

除了价格优势，中国制造还形成了全世界独一无二的速度优势。2006年的时候，我曾经为一家家电企业做咨询顾问，公司老板跟我讲了他们是如何快速获取订单的：上午他们参加意大利米兰的展览会发现新款式，下午就可以提供同样款式的实物产品，这令国外的对手惊呆了。我问他们是如何做到的，他说很简单：看到新款式后马上拍照录像，即时传回国内的研发设计中心进行仿制，中午就可以向国外伙伴下单定制，下午闭馆前新的仿制品就进展览馆了。后来，国外对手终于明白了，几乎所有的国际性展览，都不允许中国参展者或游客拍照、录像。

今天，中国制造的这种速度已经不仅仅凭借着这种投机取巧的小聪明了，而是依靠整体的价值链速度。苹果公司要求外包厂家的峰值日产量须达到100万部，需要75万名熟练工人和技术工人，而这些只有中国具备。国内的一家无人机制造商，研发设计中心设在美国硅谷，新产品设计出来后，本打算直接在美国硅谷及相关城市找一家制造商，结果连能够造出一架样品的厂商也没有，回到广东，一天就完成了。这样的事情，在今天已经不是个案。2019年，清华大学汽车工程系的一位博士分享了他自己的感受：北方一个大城市的企业，有一个部件需要3D打印，在这个城市及周边找了一圈，也无法制造，晚上8点钟把需求传给了广东东莞，

上 篇
睡狮醒来

工厂晚上 9 点钟开始设计并排产，次日早上 7 点钟派人乘坐最早的航班到达首都机场，8 点钟就到了客户手中，这令客户感到惊讶。

其实，这种速度，已经不仅仅体现在某个具体的产品、某个特定的消费品或消费电子类行业里，电子信息设备、高铁、船舶、航天、汽车、工程机械等重型装备制造业也体现了同样的中国速度。2016 年以来，我国海军各型国产新型舰艇相继加入战斗序列，"下饺子"这类词语似乎已不足以形容海军新舰入列的速度了，2016 年一年就入列 25 艘舰船。从 2008 年中国建成京津高铁开始到 2018 年 12 月，高铁投入运营 3 万公里，已经是 2008 年的 44.5 倍。

二、中国制造的成就：彻底结束短缺经济，建成高端装备体系

在经过 40 年的快速发展后，中国制造彻底结束了新中国成立以来长期的短缺经济，中国经济进入供给侧改革的新时代，中国制造业成长为中国经济高速增长的引擎，占 GDP 的比重达到 35.85%，占全球制造业的比重也超过了 21%；装备制造业规模超过 20 万亿元，占全球比重已经超过三分之一。据联合国公布的 39 个工业大类、191 个工业中型分类以及 525 个工业小类，全世界只有中国一个国家拥有所有的分类工业，传统的制造业大国美国、

制造强国
重构产业与城市创新行动思考

德国、日本、法国等都没有。2010年以来，我国一直保持着世界第一制造业大国的位置，创造了主要的就业、提供了发挥决定作用的外汇，中国工业制成品一度贡献了全国外贸出口总额的90%。而我国的装备制造业也获得了前所未有的重大成就。

在2019年第五届中国制造业上市公司价值创造论坛上，机械工业经济管理研究院院长徐东华教授在开幕式的主旨演讲中指出：

改革开放40年，我国重大技术装备在追随中实现了超越：一批重大技术装备实现了突破，且打破了国外发达国家的垄断。轨道交通装备、1000千伏交流和±800千伏以上直流特高压输变电成套设备制造技术进入世界领先行列；"神舟"号系列航天飞船发射、"蛟龙号"载人潜水器研制成功，ARJ21新型支线客机交付商用，多轴精密重型机床等产品已跻身世界先进行列。乙烯装备成套技术全面立足自主，百万吨级乙烯压缩机组实现"中国创造"。拥有自主知识产权的"华龙一号"核电机组成功出口巴基斯坦；全球最先进超深水双钻塔半潜式平台"蓝鲸1号"首次成功试采可燃冰；世界首颗量子卫星"墨子号"成功发射，为我国构建覆盖全球的量子保密通信网络奠定了技术基础。一批优秀的中国制造业企业成为世界级领先者。中国中车集团以2297.2亿美元的营业收入排名第26位，成为全球轨道交通装备制造领域的龙头企业；东电、一重、沈鼓、杭氧、徐工等企业进入世界同行先进之列。振华重工的港口设备占全球市场份额80%以上；特变电工已

上 篇
睡狮醒来

进入美国、印度等60多个国家和地区市场。

近年来,代表高科技水平的智能制造装备发展势头迅猛,2017年市场规模已经突破1.5万亿元。2019年在整个制造业增长减缓的情况下,以智能制造装备为核心的战略新兴产业和高端装备仍保持了高增长的态势,增长率超过了10%,远远高于同期的工业增加值同比增长6%的水平。

三、中国制造的严峻挑战:内在的劣势与外部的"卡脖子"

当前,中国制造业面临的挑战是有目共睹的,从内部而言,劳动力廉价的客观优势已经荡然无存,在一些重要环节甚至比美国的人工成本还要高。不仅像富士康、福耀玻璃等知名大型企业遇到了这样的难题,一些中小制造企业也同样面临这样的困境。我的一位师兄于20世纪90年代在美国巴尔的摩建了一个礼物蜡烛厂,员工月薪为1000美元,若干年后应家乡招商引资吸引,他在杭州开发区也建了一个同样的工厂,月薪当时是3000元,算是较高的,具有明显的人工成本优势。到了2010年,美国工人的工资依然是1000美元,杭州的月工资6000元都很难找到一线员工了,这还不包括社保等相关成本,最后只能关门大吉,他又将工厂搬到了越南。经过我本人的调查,类似的情况在汽车整车、汽车零部件、家电等领域也存在。当然,环境治理、税费高等也都让很多传统的制造业感受到了前所未有的压力。

制造强国
重构产业与城市创新行动思考

根据《2016年全国企业负担调查评价报告》,制造业企业认为当前负担重的领域依次为人工成本(64%)、融资成本(55%)、水、电、气、土地等要素成本(50%)。在收费领域,45%的被调查企业认为水、电、气等机构收费负担最重,其次为银行收费(39%)。制度性交易成本较高、税费成本偏高、能源原材料成本较高、汇率成本提高和企业实际融资成本过高等问题仍有待改善。

不过,更为严重的是在高速发展中的装备制造业中,还有一些值得关注的严重"内伤"和"硬伤"。

所谓内伤,就是我们的装备制造业发展中的体制还不是很顺畅:一是,我们的重大技术装备规划制定、创新研发、产品推广与应用、扶持资金等职能分散在多个国家部委办局,缺乏强有力的统筹协调机制,资金链与产业链、创新链在形成合力方面尚需进一步加强。二是,体制内的创新能力尚未有效释放。以大型央企为代表的骨干力量发展活力欠佳,创新效率与市场变化的节奏明显有差距。以民营企业为主的零部件制造企业难以进入相对封闭的重大技术装备制造体系,存在创新资源在体制内"打圈圈"的现象,有时会出现有些主管部门拨付的款项花不完,但不少民营装备制造企业却面临"断顿"的危险。

我国装备制造业另一个比较明显的"内伤"就是推广、应用难的问题尚未根本解决。徐东华教授在《智慧中国》杂志2019年第10期发文指出:"在重大短板装备需求中,研发产品已经工程化定

上 篇
睡狮醒来

型但亟待产业化推广应用的约占 25%，科研成果与产业化应用脱节现象仍然较为严重，我国企业在投入巨资研制出首台（套）产品后，国外垄断企业往往通过数倍降低同等产品价格等方式进行打压。"同时，我国科技成果转化效率较发达国家也存在一定差距。近几年，我国科技成果转化率不足 15%，远低于发达国家 40%～50% 的水平，技术仍有较大的提升空间。2014 年，国家科技部统计显示，47.3% 的（国家主体科技计划）课题成果得到了转化。2016 年，国家知识产权局基于 905 家高校和科研机构截至 2014 年年底的全部有效专利数据测算出，高校专利许可率为 2.1%、转让率为 1.5%，科研单位专利许可率为 5.9%、转让率为 3.5%。2015 年，清华大学教授通过对全国 682 所高校进行专项问卷调查测算出，"高校近 5 年的科技成果转化率平均估值为 17.6%"。也就是说，科研成果的浪费现象值得关注，国家花费了大量经费支持科研，如果只是变成了论文或者专家评估通过的成果而不是能经受市场检验的成果，那对于我国的制造业实际上是没有多少意义的。

除此之外，我国装备制造业的"硬伤"更值得关注，即高端装备和关键部件受制于人。一是，重点领域发展急需的专用生产设备、专用生产线及专用检测系统等存在明显短板，如集成电路、新材料、生物制药等战略性新兴产业的生产线装备绝大部分依赖进口。二是，部分关键部件仍未掌握核心技术。初步统计，重大技术装备进口免税目录中直接进口的零部件和原材料涉及十多个重点领域。三是，一些高端装备长期面临发达国家封锁。国家工信部对全国 30 多家大型企业 130 多种关键基础材料调研结果显示，95% 以上的 12 英寸集成电路芯片制造设备、100% 的高端医疗 CT 球阀依赖进口，液晶面板关键生产设备基本由美国企业提供；我国 95% 以上的高档数控系统依赖进口；六轴或以上高端工业机器人市场近 90% 被日本和欧美企业占据；民用飞机航空发动机几乎全部依赖进口；动力电池等核心技术尚未取得根本性突破，生产一致性、循环寿命等关键指标与国际先进水平相比仍有差距；高技术船舶概念设计对外依存度较高，且我国尚未进入设计建造难度非常大的大型游轮领域。32% 的关键材料在中国仍为空白，52% 依赖进口，70% 以上智能终端处理器以及绝大多数存储芯片依赖进口。在装备制造领域，高档数控机床、高档装备仪器、运载火箭、大飞机、航空发动机、汽车等关键件精加工生产线上逾 95% 的制造及检测设备依赖进口。

这就是俗称的"卡脖子"技术。

四、中国制造的新考验：产业链巨变的挑战

关于中国制造与产业链的话题，知名学者郎咸平说得最多，今天这个话题有了新的意义，同时也是新的考验。众所周知，最近几年，外资及中资制造业向海外迁移，重点是向越南、印度等东南亚国家和地区迁移，这已成为一个必须直面的现象。这里有中美贸易摩擦的原因，更重要的原因是制造业产业链中的关键要素——价值链正在发生本质的变化。据《财经》杂志报道，2019 年中国美国商

上 篇
睡狮醒来

会针对239家在华的美资企业调查显示，22.7%的公司将把供应链从中国转移出去，19.7%的公司正考虑将部分或全部制造业迁出中国，33.2%的公司将推迟或取消其投资，只有2.9%的公司将增加其对华投资。

据普华永道对在中国大陆的台资企业的调查，40%的企业计划调整其供应链和采购策略，39%的企业计划投资其他市场，29%的企业计划将生产转移其他国家。全球知名的律师事务所贝克麦坚时在2019年发布的"极度复杂的年代"商业投资报告中调查了600名亚洲区高管对未来投资的态度和考量，报告显示，93%的中国区高管正考虑调整布局，其中18%已经开始调整生产期和供应链。

目前，中国制造在全球产业链的位置正面临前所未有的变化：一是，遵循100多年来制造业产业漂移的规律，中国的部分制造业早在若干年前就已经开始向低成本国家转移；二是，2008年金融危机之后全球制造业的产业链在缩短，产生价值的环节在减少，一些产业的全球产业链正在向区域产业链转变，即"逆全球化"现象，例如特朗普谈到的"制造业回归"；三是，科技进步正在以难以想象的速度改变着人类的需求进而重塑产业链内部的结构和效能，行业兴亡更替速度加快，机器对人的替代速度也在加快，尤其是5G与芯片更迭带来的时时变化。

从历史与现实的角度观察，因成本及诸多要素，制造业的漂移是必然的，中国制造业，特别是中低端制造业，向低成本国家转移是一种客观趋势。尽管从目前的情况来看，无论是越南还是印度，短时间内都无法替代中国在产业链中的位置，但是，随着智能制造技术的发展、物流技术的发展，以及人工综合要素的变化，产业链的重塑已经成为一个迫切的问题。这其中有成本的考虑，也有市场的考量和技术获取的考量。

其实，这对于中国很多制造业来讲，有可能是机遇，利用全球化的分工发展自己；也有可能是威胁，最为致命的产业链威胁是：中国制造整体上还并没有像美国、日本、德国那样已经通过技术、知识产权等走到了产业链的上游，绝大部分甚至整体上还处在产业链的中下游，当产业链中的生产环节向外漂移之后，我们的制造业企业对于产业链的控制力还没有那么强。无论是前几年澳大利亚通过原材料的铁矿石对于我国钢铁行业的控制，还是美国先后对中兴、华为的动作，都告诉了我们一个新的道理：完全全球化布局的产业链，你的控制力有几何？一旦发生美国封杀华为这样的事件，我们是否会有海思这样的备胎。长期以来，在全球化的大背景下，我们的制造业企业都习惯了在国内解决不了的配套问题可以通过全球采购、全球配套来解决。中兴、华为以及为超级计算机服务的5家企业被封杀，使我们有了新的认识：对那些战略性产业，对那些我国处于领先地位的技术和产业，我国必须打造安全可控的产业链。美国制裁的目的，就是对我国重点制造业企业的产业链进行"精准"打击，以求使之碎片化。在关键技术、关键元器件、关键材料、关键工业软件方面对中国封锁禁运，从而逼迫外企从中国迁出，绕开

上 篇
睡狮醒来

中国重组供应链。本章提到的供应链调查中,连日本区40%以上的制造业企业都准备进行产业链重新布局,就是直接受到了美国政策的影响。美国这一手十分凶狠,我们必须认真对待,要在认真分析存在短板和薄弱环节的基础上,根据各地区的特点和优势,发挥全国一盘棋的制度优势,打造一批有世界影响力的产业集群和重要产业安全可控的产业链。可以说,中美制造业的竞争,根本上是产业链控制权的竞争,关键高新技术和知识产权是其手中的武器。2019年10月,中国工程院原院长、国家制造强国建设战略咨询委员会主任周济表示,在这次中美摩擦中,美方矛头直指"中国制造2025"和战略性新兴产业,意图是将中国制造业摁在全球产业链中低端。中国制造业要想由大变强,要想走向产业链的顶端,与部分发达国家的竞争难以避免。

我在《价值链重构》一书中对此进行了一些详细论述,观点是:微笑曲线并没有消失,仍然以各种各样的形式发挥着决定性的作用,而我们的中国制造业仍然需要在产业链的顶端做足功课,我们的装备制造业在那么多关键技术领域被发达国家"卡脖子"、我们90%的制造业在工业设计领域几乎是空白,而欧美发达国家中工业设计这部分占用的资金竟高达收入的5%~15%,在世界制造业品牌排行榜上我们仍然寥寥无几。

五、从制造大国到制造强国：构建产品的全球领导力

我们花了 10 年的功夫就完成了美国 36 年完成的目标：成了一个名副其实的制造业大国，但却不是我们希望中的制造业强国，而且很多国家和地区仍然对"中国制造"爱恨交加：爱的是价格低廉，恨的是品质不能保证。制造强国的标准有很多，很多人认为是强大的技术为支撑的制造业领先水平，这是一个无可置疑的强国标准。但是，你能接受一个技术非常先进但是产品品质一般的制造业强国吗？为什么我们一看到"德国品质"就会放心地购买，内心就会由衷地相信？这就是经过近百年的努力而形成的一种固有的品质，这就是为什么德国的工业体系不如美国、中国、法国健全，但是其汽车等工业品以及其他产品都受到全球的欢迎，而德国制造业也成为了全球学习的标杆。

没有品质的数量犹如毒药，不仅破坏了中国产品的信誉，更破坏了中国制造的信誉。而且信誉一旦破坏，形象很难修复。

英国知名品牌价值咨询公司 Brand Finance 发布了"2019 年全球品牌价值 500 强"榜单，这个榜单是通过综合衡量品牌多方面的影响力和价值来评判品牌的实际影响力和价值，具有相当高的参考价值。在这个榜单中，来自中国的品牌一共有 77 家，总价值高达 13 074 亿美元。这也是中国品牌首次在该榜单中累计突破 1 万亿美元大

上 篇
睡狮醒来

关。其中,中国的制造业企业仅仅5家,华为排名12。

中国由制造大国变成制造强国,"中国品质"一定是基本要求。《中国制造2025》中将质量视为制造强国的生命线。党的十九大报告也将中国经济发展目标确定为高质量发展。国家工信部科技司沙南生副司长在一次会议中指出:"我们必须突破中国制造业质量的瓶颈。比如在基础领域,我们的一些关键材料、关键零部件和核心系统等,质量和可靠性都不太高,只能依赖进口、受制于人;另外一方面,一些行业在高端的工业设计、制造方面,同样存在质量和可靠性问题。想要改变这种低水平、低附加值的制造业状况,必须从质量入手。"

2018年3月,国务院总理李克强在《政府工作报告》中明确提出了"品质革命"的号召:加快制造强国建设……全面开展质量提升行动,推进与国际先进水平对标达标,弘扬工匠精神,来一场中国制造的品质革命。

小米科技董事长雷军为此感慨,"把质量搞上去,中国制造才能去掉山寨和低级的形象"。沙南生副司长很坦率地说,"德国'工业4.0'的核心是工业、工业产品和服务的高度交叉渗透,这种渗透是基于产品的高质量和可靠性,基于产品新的用途和功能在市场竞争中的优势,未来,我们也要提供基于产品的优质服务或者以产品附加值为形式提供独一无二的服务"。"换句话说,德国'工业4.0',它的支撑就是质量和品牌。品牌很重要的特性就是差异化和溢价效应。如果没有质量和品牌，不要说中国实现工业强国的目标不能实现，就连制造大国的地位，由于一些国家的追赶，都可能会动摇。"

第三章 中国制造的强盛：
优秀文化哺育制造业领导者

马克斯·韦伯在《新教伦理与资本主义精神》一书中阐述了新教的禁欲、勤奋以及向上帝证明的文化理念对于资本主义崛起的精神影响，进而被解释成现代工业文明及商业文明的精神内涵，同时也推演了东方儒家文化对于现代工业文明和商业文明及其创新的消极影响。但是，20世纪80年代中国经济的快速发展逐渐打破了这种文化偏见。一个国家和地区经济的崛起一定伴随文化的崛起，一定离不开文化的推动力，而中国经济尤其是中国制造的崛起同样离不开强大的文化推动力。

一、中国制造的精神：根植于中国优秀文化的三大潮流

纵观中国制造的崛起，与中国文化中的三大潮流是分不开的。

第一，舍身弘道的理想主义精神，培育了中国一代又一代的国

有企业领导者和为制造业付出一生的科学家和优秀匠人。

"天行健，君子以自强不息"，这句《周易》的开篇之词一直是中国君子之风的基本要求，也是中国人阳刚精神的基本写照。天体运行，永无休时，故称之为健。健，意味着主动性、能动性及刚强不屈之义。君子法天，故应自强不息、努力向上。星移斗转，朝代变迁，而这一理念始终是一切奋发有为之士的座右铭。自强不息的精神突出反映在身处逆境而不坠青云之志、愿意为民族的强盛而奉献一切的仁人志士身上。而中国制造的崛起，尤其是装备制造业的崛起正是因为一批拥有如此精神的人，从氢弹到原子弹的研发与制造、从航空航天到轨道交通装备、从电子信息装备到关键机械领域，一批又一批国有企业领导者、民营企业家以及科学技术人员和一线工人奉献了自己的一生。这是用任何金钱或者用任何西方的激励理论都难以解释的，"先天下之忧而忧，后天下之乐而乐"恰恰是中国优秀文化精神的体现。中航工业沈飞集团董事长兼总经理罗阳在我国首艘航空母舰"辽宁号"试水成功回到港口时猝死在甲板上，年仅51岁。到2018年11月我国第二艘航空母舰下水之时，前后有15位设计师牺牲或积劳成疾，他们胸怀报国志、舍身赴伟业，为了中国海军的强大，付出了巨大的牺牲。正是在这样一批又一批英雄的奋斗下，我国第三艘航空母舰也已经进入生产进程。其他领域也是如此，如轨道交通、航空航天等：没有报国成仁的精神，没有这种痴迷于强国梦的英雄主义精神，哪里会有如此的坚持和执着？没有这样一群英雄的

上 篇
睡狮醒来

坚持，哪能有我们看到的强大和繁花似锦？

第二，伟大而务实的毛泽东思想，成为一批又一批制造业企业家奋斗的精神支柱。

毋庸置疑，毛泽东思想已成为中国制造业企业家群体的精神支柱。张瑞敏、柳传志、任正非、宗庆后、史玉柱等 50 后、60 后一代人是直接受到毛泽东思想影响的一代企业家；周鸿祎、汪滔、杨磊等 70 后、80 后、90 后新锐企业家同样也掀起了学习毛泽东思想的热潮。一批又一批的制造业企业家把毛泽东思想作为企业文化的核心与基础。作为毛泽东思想精髓的《实践论》《矛盾论》等文章已经成为企业家的必读书，其中如何观察世界和环境的战略思想、如何取得最后胜利的军事思想、如何率领团队实现目标的领导艺术、如何获得更多人支持的群众路线、如何解决困难与问题的方法论等论述更是企业家们遇到问题时所使用的主要方法论。

除此之外，毛泽东本人在建党建国历程中表现出来的大无畏精神、艰苦创业的品质和坚忍不拔的个性也同样是激励企业家不断奋斗的精神源泉。任正非公开宣称"我的老师是毛泽东"。对他们而言，毛泽东不仅思想是一个宝藏，而且其行为、个性也是值得他们学习的重要标杆。在他们的心目中，毛泽东是一位优秀的创业者，敢于冒险，风险越大，斗志越是高昂，相信"人定胜天"，不屈从于命运的安排，"与天斗，其乐无穷；与地斗，其乐无穷；与人斗，其乐无穷"成为很多企业家的格言。

第三，儒释道为基础的传统文化，自然成为中国制造业企业家的精神母乳。与20世纪80年代改革开放初期对于传统文化的抵触不同，自20世纪90年代以来，以儒道释法为核心内容的传统文化很快就成了中国制造业企业家的重要精神来源和企业文化的核心。应企业要求，我们曾在21世纪的前10年为中国移动、南方电网、中国一汽提供过以传统文化为底蕴的企业文化咨询和培训，也为众多民营制造业提供过以传统文化为基础的咨询和培训，亲身感受到了传统文化对于制造业企业家的吸引力。我在清华、北大等总裁班进行授课或者到企业进行内训的时候，课前朗读《论语》或《大学》似乎已经形成标配。在我到过的制造业企业里，建孔子像的企业就有不少，其中最为典型的是方太集团和固锝电子。2019年，我们与固锝电子合作启动以精益生产为基础的协同创新项目时，是在企业的孔子堂怀着虔诚的心境签约的。项目开工前先诚心正意祭拜孔子，向孔子宣誓，在项目实施过程中"不忘初心，牢记使命"，以敬畏之心，全力以赴，获得了超出预期的结果。30年以来，传统文化已经成为中国制造业企业家的绝对精神支柱，并形成了诸多企业特色的文化，如以老子道家文化为核心的海尔文化，据说张瑞敏出差只带老子的《道德经》，在海尔的办公大楼和车间以及海尔大学的墙壁上，到处可以看到老子的语录，而海尔的人单合一、小微众创模式的创新，能够看出张瑞敏的"无为而治"的创新灵感与指导思想。方太集团、固锝电子更强调儒家思想的引导。方太集团2008年正式引入以儒家文化为基础的

上 篇
睡狮醒来

传统文化作为企业文化的理念基础，我在2016年与方太集团合作撰写了《方太儒道》一书，专门就方太文化的儒家底色进行了解读。同样，位于宁波奉化的工程机械压缩机领域的龙头企业鲍斯股份则直接将弥勒文化作为公司文化的理念基础：提倡利他、包容、慈悲关爱，追求和谐。而今，崇尚王阳明的"知行合一"及"致良知"已经成为很多中国制造业企业老板的必修课。"一生俯首拜阳明"为不少制造业企业老板所践行。

随着中国制造的崛起，中国的优秀文化显然已经成为这种崛起力量背后的精神支撑，是崛起的灵魂，而这种灵魂正在塑造并推动着中国制造业的企业家去实现新一轮的创新发展。

二、中国制造的文化群像：现代制造业精神之百花齐放

中国制造的崛起就是中国文化的崛起，文化的力量催生物质的力量，并成为物质力量不断强大的根。因此，优秀制造业企业往往都拥有强大的文化能量。以下，让我们来分享一下在中国制造崛起过程中几家优秀企业的文化底蕴。

海尔文化：以老子道家文化为导引的创新发展

改革开放40年，海尔可以说是中国制造的常青树，而这个常青树的底蕴则是海尔当家人张瑞敏缔造的海尔文化。在我看来，

海尔文化的核心是通过推动个体的自由而释放个体的能量。而这应该是张瑞敏深研老子《道德经》以及对于人性的深刻体察而形成的理念。他在总结自己 30 多年的管理心得时用了九个字，"企业即人，管理即借力"，这是典型的"无为而治"式的表述。他说："所有的管理工具都只是手段，企业的资产要增值只能靠人，所有企业管理的优化都应靠开放系统借来的一流人力，而非自我封闭，靠身边的几个人打江山"。他进而认为："人，是保证创新的决定性因素。人人都应成为创新的主体。我们设计市场链的思路正是体现了这一点。为每个员工提供最大的发挥空间，利用网络的共享信息和组织的扁平化所带来的最短信息链，经营自我，体现自身的价值和创新成果，形成团队合力。"

以此为指导思想，张瑞敏提出，目标组织形式是分散化 + 合作化，他用了三个"无"来概括其特征。

1）企业无边界。海尔一定要变成一个以自主经营体为基本细胞的并联生态圈，拥有按单聚散的平台型团队。这应该就是海尔"人单合一"的本质和理想目标。

2）管理无领导。海尔小微众创模式就是按照上述理念实现的一种彻底的个体解放运用。张瑞敏提出"人人都是 CEO"，然后又修改为"人人创客"。"创客"在此的内涵不是在"大众创业"浪潮"创客空间"里从大学生群体里涌现出的那类创业者，而是将海尔员工变成了"创业的人"，突出创新的价值。组织作为平台

上 篇
睡狮醒来

（或市场），其中的创业者（创客）和一般企业的内部创业者的不同在于，前者从一开始就要面对市场，而且是真正的市场，他们的生死是这个市场直接决定的，用户是他们唯一的领导。这与我们在很多大型企业中看到的内部创业者是完全不同的，他们要把市场作为自己全流程的一部分，让自己的产品在构思阶段就要与市场的需求相匹配。如果说，"人人都是CEO"多少还带有内部视角的话，"人人创客"则是完全的开放心态。显然，张瑞敏就是有意要抹掉组织边界，强调组织的社会化趋势。

3）供应链无尺度。上述机制形成的由一系列关键性节点组成复杂的网络，每一个节点都具有自主性和活力，可以为小众和大众同时提供服务。对此，张瑞敏的要求就是"开放，开放，再开放"，他说："只有开放，才能形成更多的生命接口。而这种开放不仅仅是简单的纵向供应链的开放、横向客户群体之间的开放，甚至要形成供应链和客户群之间的开放，最后形成一张巨大的且关系交融的价值创造网络。"

著名的哈佛商学院教授哈默称之为"纯粹的市场经济"，而在我看来，这就是张瑞敏的"无为而治"理念投影于中国制造的激活个体的文化实验，核心是激发每一位一线员工的创新创造动力。

华为文化：强调生存的危机意识，激发奋斗者的热情

华为是一家具有鲜明特色的民营制造企业，从其诞生到成长为

今天的全球移动通信设备龙头，与其创始人任正非的强烈文化理念直接相关。可以说，没有任正非如此执着的精神推动，就不可能有今天的华为。提到华为的文化，大部分人会联想到《华为基本法》，而据我所知，这确实是中国制造业乃至中国企业界最早的企业文化范本或总纲，但纵观任正非的言行及华为的实践历程，我觉得，强烈的生存意识既是任正非之"心"，也是华为的文化之"理"。

无论是华为还比较弱的时候，还是成为全球第一的时候，任正非都反复强调"活下去才是硬道理，企业不是要大，也不是要强，短时间的强，而是要有持续活下去的能力与适应力"。因此，"华为的最低纲领是活下去"。任正非说，"企业能否活下去，取决于自己，而不是别人，活不下去，也不是由于别人不让活，而是自己没法活。活下去，不是苟且偷生，不是简单地活下去。活下去并非容易之事，要始终健康地活下去更难。因为它每时每刻都面对外部变化莫测的环境和激烈的市场竞争，面对内部复杂的人际关系。企业必须在不断地改进和提高的过程中才能活下去。"

任正非在华为创业的早期非常崇尚"狼性"，他对"狼性"精神做过经典的概括："做企业就要发展一批狼。狼有三大特性，一是敏锐的嗅觉；二是不屈不挠、奋不顾身的进攻精神；三是群体奋斗的意识。企业要发展，必须要具备狼的这三个特性。"华为因此将"吃苦耐劳""敬业""艰苦奋斗"作为企业精神并写进了

上　篇
睡狮醒来

《华为基本法》。众所周知，狼是一种相对瘦弱且比较凶残的动物，其能在狮子、老虎、豹子等比自己凶猛强壮的动物面前和恶劣的自然环境中持久生存下来的原因只有一个——坚韧、团结。即使再强大的动物恐怕也很难招架一个狼群的攻击，更何况，这个狼群可以连续几天几夜不休息、不吃东西、始终如一地盯住自己的目标，直至发起攻击。

"狼性"的话题在国内引起了不少争议，毕竟在中国文化的语境中，"狼"没有多少正面意义。今天，成为领军企业的华为也不再提"狼性"的特征，但是在"奋斗者"这个核心主人公的性格中那种不屈不挠、敢于与巨头拼争的特质依然清晰可见。如果哪天华为的这点血性没有了，我觉得，华为也就不再是华为。同时，如果大家设身处地地想想，在华为创业的早期，即使是现在，面对的对手都是国际巨头，甚至有不择手段的国外强敌，弱肉强食的国际竞争环境依然存在，如果不能展现强大的斗争意志，估计就很难生存了，更不要提"强大"二字。

当然，今天华为展现的早已经不再是那种瘦弱的形象，也早已不是完全靠搏命而获取胜利的"游击队"，在精神特质方面也变得越来越成熟。当兵时的任正非就喜欢学习毛泽东思想，把毛泽东作为老师的任正非对毛泽东思想不仅有深刻的领会，还会在各类环境中活学活用、推陈出新。他在与竞争对手力量悬殊的情况下运用了毛泽东"农村包围城市，最后夺取全国胜利"的思想；在华为稳步上升的时候运用了毛泽东"艰苦奋斗"的思想；在华为已经取得阶段性成果的时候运用了毛泽东"批评与自我批评"的思想。有一些人认为任正非是"一朝被蛇咬，十年怕井绳"，有"危机强迫症"，但当2018年华为遇到美国封杀危机的时候，这些人终于"闭嘴"了。没有经历过战争的人，怎么能懂得战争的残酷？没有经历过生死危机的人，怎么能意识到生死的突然和无情？在内外部矛盾激化的2019年，任正非承受了比其他企业家多得多的高光、重压与流言，说了比过去哪一年都多的话，他表达得最多的是三个意思：对不起孩子，无愧于华为，浮沉于民心。2019年3月，任正非带一众高管举行"军团作战"誓师大会，震天响的口号中鼓励全员要打赢这场翻身仗！4月，华为手机发货量一举超越苹果坐稳全球第二；5月，宣布海思芯片"转正"；7月底，华为举行"千疮百孔的烂伊尔2飞机"战旗的交接仪式，任正非做了主题为"钢铁是怎样炼成的"讲话；8月，发布鸿蒙；9月，Mate30刷屏……危急关头的任正非仍然以毛泽东为榜样，数次让华为全员观看《重庆谈判》《最后一战：芷江1945》等电影作品。他相信：只要思想不滑坡，办法总比困难多。这就是任正非的性格，这也是华为文化的硬核。

方太文化：崇尚儒家中庸，强调"一切创新源于良知"

2018年，方太的销售收入超过了120亿元，成为名副其实的行业龙头老大，并提出了10年千亿元的目标。尽管在制造业里，

上　篇
睡狮醒来

无论是与世界500强的超级巨头相比，还是与国内很多大型的行业龙头相比，从收入规模到成立时间都还不具备突出的优势，但是，方太品牌的影响力使其成为中国制造的一种现象级存在。董事长茅忠群在2015年2月5日的年会上郑重宣誓，"方太的愿景是：要成为一家伟大的企业。"所谓一流的优秀企业，基本上都是销售收入较高、市场份额较大，一般为行业龙头，成立的时间较长且品牌口碑良好。"伟大的企业"和"优秀的企业"有何不同？用茅忠群的话说："优秀的企业满足人的欲望，伟大的企业导人向善。"他解释：优秀企业的产品让人心动，它们在满足用户需求的同时，还会刺激用户的欲望；而伟大企业的产品也让用户十分动心，不会让用户的心躁动不安，此外，还会让用户觉得放心、省心、舒心，乃至安心；伟大的企业始终会传递一种正能量，通过自己的垂范导人向善，唤醒人们沉睡的良知，让更多的人从内心不安的状态转变为心有所安，获得真正的幸福快乐。

基于此，力行儒道、立志"成圣"的茅忠群提出：一切创新源于良知。他认为，伟大的企业必须有两个核心：创新和良知。创新是企业成长的动力，良知是企业持久的基石。2016年3月，我带领乐创企业家俱乐部的成员到方太游学，请茅忠群讲"方太儒道"，在提问环节，有位学员提了一个尖锐的问题：中国传统文化有个严重的问题，就是不支持创新，方太是如何在坚守儒道的基础上实现创新的呢？茅忠群的回答是，"创新最大的源泉应该是仁爱之心。最简单的一个事实是，为了让孩子健康成长，父母会有很多创新之举。就拿方太来说,有一天,电视里报道了一则消息:厨房油烟会加剧主妇的肺癌风险。我们看到了之后,立刻意识到肩上的重大责任,我们必须解决这个问题。为此,我们对吸油烟机的开发目标做了重大调整,从过去的以某些量化指标为开发目标到以'最佳的吸油烟效果''不跑烟'这样的非量化指标为开发目标。这种调整对销售来说会有很大风险。但良知告诉我们,这样做是对的。再比如,我们发现广大消费者越来越讨厌洗碗,还有很多儿女看到自己的父母劳碌了一辈子,现在终于生活条件好了,但还要用双手去洗油腻腻的碗筷而于心不忍,然而市面上的欧式洗碗机不能很好地解决中国人的洗碗问题,而且占据了厨房很大的地方。于是,我们下定决心,改变这一现状,不惜花费五年时间,终于研发出了全球第一台水槽洗碗机,彻底解决了欧式洗碗机的几大痛点。"

茅忠群认为:如果创新守着传统的界限,就不可能大有所为、大创新。突破界限的原动力就是由己推人的仁爱之心,仁爱即良知。当然,企业的良知不仅体现在产品创新上,还体现在社会责任上。西方企业的经营和慈善是分离的,方太对社会责任的理解分为法律责任、发展责任和道义责任,而不是经营归经营、慈善归慈善,也不存在经营和慈善的界限,而是把良知贯彻到经营管理的每一个环节。

从茅忠群的这些理念和实践中,我们可以清晰地看到儒家思想

上 篇
睡狮醒来

的印迹，他将方太的儒道总结为十六个字：中学明道，西学优术，中西合璧，以道御术。也就是说，儒道文化并不是封闭的排斥，而是一种融通，就是把中国管理哲学与西方管理哲学相互结合、相互打通，实现真正的"合璧"。2016年年初我参加了茅忠群主持的方太第一届儒道管理专家研讨会，在会上他更是直截了当地说，"东方管理和西方管理只是一个方便的说法，无法截然分开，两者有很多相通的地方，而且在实际中更不能教条地理解。这里，不是谁取代谁的问题，而是如何融合的问题。"他认为，现代儒家学说，已经是一个容纳了中国传统文化很多流派的思想体系，核心理念是做人，强调做人以德为根本，无论齐家、管企业，都应该以德为本。在他看来，今天的企业家应该有士大夫情怀，眼睛不能仅仅盯住自己的一亩三分地，要胸怀国家和社会以及人类文明，而能提供这种胸怀思想源泉的，只有儒家的入世观念。

从以上三家企业的文化可以看出，我国制造业不少企业家都有自己清晰而深刻的文化理念，而我本人接触过的固铕电子、潍柴动力、鲁西化工、威达股份、中天科技等也都同样显示出了中国文化的低调专注与家国情怀的特征。这就是中国制造的灵魂所在，他们就是中国制造的脊梁。

三、中国制造的智慧力量：从传统到现代的转化与超越

我在1995年拿到博士学位的那年，写了一本小册子，名为

制造强国
重构产业与城市创新行动思考

《华夏文明延伸之谜》。仔细想来，这是我人生中第一本可以作为专著的作品，内容为中华文明是如何向外延伸的。当时，写这本书的缘起是1993年5月10日美国《时代》周刊发表了一系列文章，总体主题是"中国将成为超级大国"。紧接着，5月17日，美国《商业周刊》也刊登了一篇文章，题目是《一个经济巨人——中国的崛起》，那时的中国刚刚成为世界第三大经济体。我在那本书中最为关键的判断是：经历了零散传播的星星阶段和依靠中国以外国家和地区崛起进行传播的月亮阶段，中华文明将在21世纪迎来依靠自身光芒而进行传播的太阳阶段。让我振奋的是，这个1995年的预测在21世纪的前20年就实现了，而中华文明向外传播最为重要的因素就是一批中国企业的崛起，尤其是一批富有全球影响力的中国制造业的崛起，而这种崛起的内在力量就是中华文明的智慧能量，而这种智慧能量传播的载体不仅体现在于孔子学院或者中文课程中，更重要的是中国制造为全世界带来的中国智慧，因为真正的智慧大多植根于物质载体。

文明的成长与传播就如同一个人一样，要善于学习、接受、包容并能够找寻到合适的载体而进行传播，中国制造的产品已经成为全世界人民的日用品，而这种"中国制造"显示出来的中国智慧才是中华文明的内核与对世界的真正贡献。

2019年有一部纪录片同时在太平洋两岸的美国和中国火爆异常。这部美国前总统奥巴马出资参与拍摄的纪录片名字叫《美国

上 篇
睡狮醒来

工厂》,讲的是中国制造业巨头福耀玻璃工业集团(以下简称福耀玻璃)在美国的工厂。片子在 Netflix 上线之前,法新社、英国《卫报》等媒体就开始关注了。《美国工厂》揭示了中美人员之间的矛盾根源和解决方向,已然超越了导演口中的"文化鸿沟",客观上揭示了中国制造领导者运用的智慧能量。2014 年,一起发生在俄亥俄州的巨大投资项目曾引发中美两国对于制造业转移的关注与讨论。作为中国最大、全球产量位居前列的汽车玻璃供应商,福耀玻璃远赴北美开厂,接盘通用汽车在俄亥俄州代顿的旧厂房,同时需要安置的还有当地数千名产业工人。《美国工厂》的两位导演史蒂文·博格纳尔和朱莉娅·赖克特正是五年前凭借纪录短片《最后一辆车:通用王国的破产》提名了奥斯卡。他们认为,"文化鸿沟比预期的要大得多",作为资深纪录片导演,博格纳尔很善于从个体视角来捕捉中美两国的经济模式和文化背景差异,如果站在全球化高度,那就是一种"由上而下的不安感"。影片中的一位非裔工人,失业一两年后才找到这份工作,虽然薪酬只有过去的一半,但养家糊口才是最重要的。比起劳保福利,随时可能再度失业的不稳定感,才是他们更加惧怕的。就连奥巴马夫人米歇尔都坦言,在片中看到了自己父亲的影子,养活一大家子人太不容易了。特别是身处"锈带"的底层民众,丧失工作就意味着卖掉车子,房子被银行收走,只能蜗居于亲友的地下室里,遑论尊严。如果说这些曾经失业的美国工人能到"FUYAO"上班是一种幸运的话,那朝夕相处的中国工人则刷新了他们对"工作"的定义。镜头里的中国工人朴实且有些拘谨,很多人一毕业就到福耀工作,一干就是20多年,对于工艺流程谙熟在心,更对福耀的企业文化和管理方式全盘接受,这里与其说是个"美国工厂",不如说是个"中国工厂的美国车间"。"福耀玻璃"到美国开厂这件事儿让人联想到20世纪90年代通用汽车到中国来开合资厂,那时是美国工程师到上海来手把手地培训中国工人。而在这部纪录片里,人物身份则倒转了过来,上海总部派出技术骨干到美国推行规则,调试参数,通过翻译向当地工人传授经验。他们的敬业和高效值得尊敬,这是管理的要求,更是文化的素养,当然也是潜移默化的智慧能量。当地美国工人和美方管理层自然要面对"中国式"的企业文化,不仅是劳动者的语言和生活习惯,还有心态上的调整,他们到中国总部参观时也的确"看呆了"。曹德旺从福建福清靠水表玻璃起家,到如今集团业务占据国内七成汽车玻璃市场,他早已锻就了颇具代表性的文化理念。美国导演的镜头对老曹的刻画可谓立体,既有灵活、亲切甚至慈眉善目的一面,也有面对"原则问题"的强硬。正是凭着这种灵活和强硬的"太极功夫",曹德旺把一个乡镇企业一步步做大成为全球企业。中美两国工人间的其乐融融,原本也是曹德旺最乐观的期望。然而,工会是否介入事关整个工厂的存亡。纪录片后半程几乎都是靠这个矛盾在推动剧情,甚至可以把片名拆分为"美国or工厂",毕竟真正激烈的冲突在世界范围内并不罕见。此前入围戛纳电影节的法国影片《开战》,就是根据真实事件改编的,最后的结局既残酷又令人痛

上 篇
睡狮醒来

惜，谁也不想看到。所幸，在福耀，这种危险被化解了，而且是以一种美国人的方式化解的，就像当年曹德旺打赢了与美国商务部的反倾销案。假如把《美国工厂》看作一部剧情片的话，那就不得不佩服两位导演在处理高潮时的灵巧了。一边是曹德旺在庙里烧香拜佛，另一边则是美国工人因为操作慢而被辞退。"我们再也赚不到（通用）那种钱了"，利润和福利，看似难以调和的矛盾被解决了。2018年福耀玻璃代顿工厂实现了盈利。影片将盈利归功于自动化率的提高，而不是裁员和延长工时。此外，曹德旺的深层文化理念对于成功也发挥着重要作用。

实际上，除了福耀玻璃，我们的中国制造业企业已经遍布全球了，绝大部分也都能够扎根下来，融入当地。他们正是依靠中国智慧影响着所在国家和地区的制造业发展，自然也代表着中国智慧的传播力量。

在传统思想文化与气质精神的支配下，在历史的长河中，中华民族形成了可贵的创造力和凝聚力、民族自尊心与自信心。这是中华民族之魂，也是中国智慧的源泉，它曾产生了巨大的精神与物质的力量，谱写了光照千秋的历史篇章。依靠这种力量，中华民族克服了艰难险阻，走过了坎坷道路，战胜了黑暗势力，粉碎了凶恶顽敌，终于在1949年迎来了人间的春天，以巨人般的姿态站立了起来，恢复了中国人的尊严。1978年十一届三中全会的召开，拉开了改革开放的大幕，中国人又以惊人的能量，将中国建成了世界第二大经济体、世界第一制造大国。中国人富裕了起来，2019年，人均GDP跨过了1万美元的门槛，一个14亿人口的大国创造了这个星球上的奇迹。

今天，我们正在迈向"强起来"的中国梦之路，在可预见的将来，中国会成为世界第一大经济体、第一大制造强国。而这样一个强国为世界带来的绝对不仅仅是物质的产品，更重要的是其内在的智慧力量。这种力量就是中华民族的精神特质：重视理想，推动人们去追求精神世界；强调刚健有为，自强不息，激励人们永远向上，奋斗不止；主张协同，讲究同心同德；强调适度的世界观。

第四章 中国制造的价值：
用户价值既是软实力也是硬实力

中国制造显然推动着中华民族迎来了百年难遇的大变局。早在1997年，管理大师德鲁克就断言：过去十年，日本管理哲学之类的书盘踞西方书市；未来十年，相信与中国管理哲学相关的书将会成为畅销书。今天，我们已经站在了世界第一制造大国的位置上，引来的除了赞誉之外，还有不少的"中国威胁论"和"中国崩溃论"，本质上是对中国制造崛起的难以适应和对中国制造产品品质的诟病。摆在我们眼前的不再是应对别人的口舌以及快速增长的数字，而是应该确立中国价值的新高度。

一、从中国价格到中国价值：中国制造的升级修炼之路

中国制造的崛起，与日本、韩国以及与我国台湾地区有着不同的环境。日本在第二次世界大战之后成了一无资源、二无市场、三无资本的孤立岛国，只有在美国的援助和美国企业的支持下，

凭借吃苦耐劳和精诚合作的民族精神，才能尽快在制造业建立起低价量大的局面，依托价格战推动了日本经济的起飞，可谓一出生就有了国际化的环境。中国的情况与日本有根本的不同，中国很多企业的国际化不充分，在国际市场的营销能力偏弱，内部资源还没有完全开发利用好，更没有美国、欧洲当初对待日本的友好。中国企业对本国的市场还没有充分占领，就匆匆进入了国际市场，质量意识还处在初级阶段，价格战成了最基本的手段。也正是价格优势及策略让"中国价格"成了"中国制造"的代名词，其代价就是内部资源环境的恶劣、外部竞争环境的敌视。中国制造必须完成转型升级也是成为制造强国的必由之路，而这一转变就是从"中国价格"升级为"中国价值"，我们称其为"价值思维"。

基于价值思维的中国制造就是要完成以降低成本为出发点的核心竞争力培育转型升级为以为用户或顾客创造价值为出发点的核心竞争力培育。这一转变不仅意味着"中国价格"到"中国品质"，更意味着整体制造理念的转换升级。

制造业不仅要做到成本的降低、价格的低廉，还要思考为用户或顾客究竟带来了怎样的价值享受；制造业不仅要制造一件好的产品，还应为用户或顾客提供令人满意的服务。通俗地讲，就是用户或顾客的内心认同，就是能够更好地满足用户的需求且令用户产生良好的体验，而不是自我感觉良好的"自嗨"。制造业应不

上 篇
睡狮醒来

但要控制供应链或价值链,还应构建一个活力充沛的生态圈;制造业应不仅强调硬件及设备资产的高级化或智能化,还要实现整体过程的智慧化。因此,我一直强调,智能制造也好,工业互联网也好,目的不是实现价值链环节的智能化,而是实现智慧化的生态圈,也就是为生态圈所有参与者创造价值的系统。从这个角度看,美国的苹果、亚马逊、特斯拉,中国的福耀玻璃、小米、方太都值得关注。

只有企业家及其高管具备了价值思维,中国制造才能真正从价格竞争型企业转换为价值创造型企业。价值思维不仅仅是一种新的概念或理念,更重要的是一套系统化的思维和实践工具。如果制造业企业的产品和服务不能创造价值并将这种价值转移给顾客,或者价值很低,顾客就会流失,长此以往,可能会导致企业的危机。我们的制造业上市公司研究中心自从 2015 年以来,一直关注制造业上市公司的价值创造能力,而且每年发布《中国制造业上市公司价值创造年度研究报告》,研究发现,2018 – 2019 年制造业上市公司连续出现了恶性崩盘事件,客观上的原因是贷款太多、发债太多而无法到期还本付息或兑付而崩盘。深入剖析就会发现,这些崩盘的公司都有一个共同的源头:他们都没有认真地考虑价值创造问题,甚至根本不关心价值创造问题,他们关注的往往是获取暴利的游戏,竟然还有上市公司董事长与外面的投资者联手炒作自己公司的股票且亏损严重的可笑事件。这些企业根本没有花心思在顾客或用户身上,对于产品的更新换代和更加深入的服务几乎没有投入多少钱，然后将崩盘归结为运气不好或者"实业不好做啊"。同样是传统制造业的格力电器、美的集团、康力电梯、固锝电子、鲍斯股份等一批踏踏实实的企业则在艰难环境中仍然能够持续创造出强大的市场占有率和毛利高于30%的业绩。

根据德鲁克的观点，企业存在的意义在于创造顾客而不在于创造交易。不能创造顾客的企业是不具备价值创造能力的企业，仅仅创造交易而不能创造价值的企业终将在市场竞争中被淘汰。就制造业而言，所谓价值至少应有以下四大核心要素。

1）品质。价值的首要构建就是品质。中国价值的内核首先是中国品质，可以说，没有品质，就没有中国制造的未来。《中国制造2025》明确提出"加强质量品牌建设"，要求"提升质量控制技术，完善质量管理机制，夯实质量发展基础，优化质量发展环境，努力实现制造业质量大幅提升。鼓励企业追求卓越品质，形成具有自主知识产权的名牌产品，不断提升企业品牌价值和中国制造整体形象"。

2）体验。现代经济是体验经济，人们对于体验越来越重视，顾客的物质需求已经得到了极大满足，因此再次选择购买往往不是因为商品本身，而是因为购买体验好。制造业的价值不仅仅在于生产出一件产品或者是自认为非常棒甚至品质过硬的产品，关键是能否给顾客或用户带来更好的体验。论手机的品质，当年，摩托罗拉和诺基亚的手机品质绝对一流，他们还曾嘲笑乔布斯的

上　篇
睡狮醒来

"苹果"就是一个玩具。结果,世界前三大手机厂商全部被这款体验惊喜的"玩具"打败了。诺基亚当时的 CEO 在公司手机部门被微软收购的新闻发布会上感慨"我们的手机真的很棒,我不知道错在哪里,但我们确实输了"。

3)马达。制造业作为国民经济的重要引擎,其创新和发展都是带动经济增长的绝对力量,我们称之为产业价值。因此,制造业的价值体现之一就是能够用自己的新产品、新模式、新价值链带动经济的增长。从世界经济发展的周期可以看出,每当制造业涌现新产品、新价值链的时候,就是经济快速发展且没有多少泡沫的时候,无论是工业革命、信息革命,还是人工智能都是如此:蒸汽机车和电力机车的诞生、汽车的诞生、笔记本电脑、手机及智能手机的诞生等,每一次创新产品的诞生都给人类的经济发展带来了良性增长,为新的经济周期带来了新的推动力。

4)福祉。方太提倡"一切创新源于良知",正是制造业的终极价值。制造业的发展不仅要为企业带来盈利,更重要的是要为人类带来福祉,导人向善,而不是成为摧毁人类的杀手。正是这一点,成为核电装备、生物基因技术设备、人工智能装备等先进制造业的首要价值原则。这也正是前一段沸沸扬扬的通过"基因编辑技术辅助生育"事件的人类反应。谷歌的"不作恶"、腾讯的"导人向善"价值观,还有苹果使用减少污染的新材料等做法,都是这一终极价值观的具体体现。而党的十九大提出的"高质量发展"则是对这一价值观的全方位推进。

二、创造绝对价值：构建产品的绝对领导力

现代经济最重要的特征就是进入了体验时代。产品"好不好"不再仅仅是"物美价廉"和"好用"，而是"感觉好不好"和用得"感觉是否舒服"，很多顾客购买，尤其是重复购买的，往往不是商品本身，而是体验。体验已成为让客户接收到所创造价值的重要环节。苹果手机一问世便立刻受到追捧，不仅仅是因为手机本身的通话质量，而是让人感觉很舒服，也非常方便使用。而在中国，微信之父张小龙，也是通过这种方式，让微信融入人们的生活中。对此，学者们称之为"绝对价值"，就是不靠别人或者权威推荐引导或者硬指标，而是一种拥有或使用产品的切实感受。

绝对价值的出现，也造就了目前我国新能源汽车的窘境。以往一款新车上市，各类广告轮番轰炸、价格策略层出不穷、各类车模妮紫嫣红、各类服务眼花缭乱，而今天的新能源汽车携投资巨头的大量投资和国家大笔的补贴、不差钱式的传播，比传统汽车的营销攻势有过之而无不及，但结果呢？2019年几乎全线崩溃，销量惨淡，如果没有直接的补贴，似乎一刻也不能存活。其实，倒不是这些车不便宜，也不是这些车缺少政策支持，问题在于人们的体验太不好了，一是感觉不安全，二是功能体验太差，三是看着太丑陋。搞新能源汽车的人都是业内一线的大咖，怎么做个

上　篇
睡狮醒来

车的设计还是如此丑陋不堪，难怪郎咸平教授评价说"中国制造最缺的，不是核心技术，而是工业设计"，时尚的大咖在设立理念上仍然认定消费者还是20世纪80年代前"喜欢物美价廉（本质上就是价格低）"的中国人，这更怨不得特斯拉一在上海设厂并将价格定在30万元以内，很多人就大呼"国产新能源汽车无法活了"。假如没有特斯拉这样的"鲶鱼"进入中国的新能源汽车市场，我国的新能源汽车新贵们除了把自己的坐骑换成更好的车以外，谁还会花心思着眼于用户体验的工业设计呢？

在这个问题上，从互联网界进入制造业的小米创始人雷军是一个需要关注的人物。尽管他代表互联网界与代表传统制造业的格力电器董事长董明珠在2013年12月定下的10亿赌局被董明珠"判输"。2019年3月，小米公布年报，销售收入为1749亿元人民币；4月，格力发布年报，销售收入为1981.2亿元人民币。雷军也只是"呵呵一笑"。不过，如果从小米成立于2010年，2013年时公司才不到4年，竟然敢与成立于1991年的空调龙头企业格力集团赌来看，就需要些勇气。如果从发展速度来说，小米在制造业里面已经算是火箭级别的了。

用一位西方研究人员的话说，"在很多西方人的头脑中，小米这样的公司是不存在的：它的产品不仅仅是'中国制造'，还是'中国设计'，而且，设计得如此漂亮！几十年来，对中国制造的指责不绝于耳：'绝对的，他们只会大量复制，却不会设计新产品。'" 2013年，Mi3的出现，惊艳了制造业和消费者群体，除了一贯的低价，看起来还非常漂亮，其所依靠的不再仅仅是实惠，还有设计与服务的创新，并开始在全球竞争中崭露头角，而那个时候的华为手机刚刚上路。小米的一位副总曾经写了一本书，提炼了小米科技关于小米爆品的三大定律：高科技、高颜值和高性价比，号称"三高定律"，具体体现为：高科技不是噱头，一定要让用户感知得到；高颜值即正义，好的设计就是生产力；高性价比，顾客闭着眼睛就可以买。在2018年的全国人大会议上，雷军专门提交了"关于大力发展中国设计产业，全面提升中国设计水平的建议"，引发了强烈反响。

令人欣慰的是，国际范儿的设计不仅仅体现在消费电子类或家电行业，装备制造业领域的高铁装备、航空装备等行业也已经获得了国际名声，尤其是高铁，流线型的外观、全球最快的速度、车厢内稳定舒适的环境，赢得了"中国名片"的称号。每次坐高铁，我都会被那些漂亮的车头惊艳到。车头是高铁给我们的第一印象，是一张张看得见的高铁"面孔"。事实上，车头不光是高铁的"脸面"，还代表了高铁列车设计的一系列的关键核心技术，主要在于高速列车要面临空气动力学的问题。高铁速度非常快，随着速度的提高，周围空气的动力作用会对列车和列车运行性能产生极大的影响。当列车以时速100公里运行时，空气阻力约占列车总阻力的一半；以时速250公里运行时，空气阻力占总阻力的80%以上；当时速达到350公里时，90%左右的阻力来自空气。

上 篇
睡狮醒来

在高速状态下,高铁列车的牵引动力几乎都消耗在与空气的对抗上了。因此,高铁在高速运行时最大的"敌人",不是它自己的重量,而是空气阻力。头型设计必须要降低气动阻力,以节约能耗。此外,高铁列车还要面临两车交会时的交会压力波和通过隧道时的隧道压力波。一个好的头型,必须具备优异的空气动力学性能,头型要能有效地减少空气阻力、升力、列车交会压力波和隧道压力波,等等,以达到降低能耗、提高运行稳定性和乘坐舒适性的目的。

不过,这种科技含量的工业设计仍然是中国制造的薄弱环节。据说,欧美发达国家的制造业企业将5%~15%的销售收入用于工业设计,而在我国制造业企业中平均还不到1%,大多数制造业企业还没有这样的部门。工业设计是制造业的灵魂,是真正的核心能力。《中国制造2025》的实现,不仅仅在于用了多少高科技,还在于如何通过工业设计将这些高科技充分运用到我们的产品中,从而产生巨大的价值。

三、创建新商业文明:中国价值带来的智慧增长

制造业是国民经济的基石,其发展不仅会带来整个国民经济的增长,还会带来国民经济的结构性变化,从而影响社会的变化。农业社会的传统制造业造就了中华文明数千年的领先地位;工业革命催生了现代工业及其核心现代制造业(从信息化的角度看,

属于传统工业或传统制造业），从而也将西方社会的工业文明推到了一个取代东方文明的高度，当第二次、第三次工业革命发生之后，西方经济发展范式甚至被认为是现代文明的标准。不过，还是有不少有志之士或者真正具有远见的学者对此表达了深深的疑问。英国著名历史学大师汤因比先生在其20世纪70年代撰写的《文明经受着考验》中就谈道："我们现在有了空前的制造能力，发明了机器来为我们工作，但是却用比以前更少的劳动为人类服务。我们在人力持续匮乏的同时，又有普遍的失业，西方的优势肯定不会持续下去了，如果我们要提供所有能力来为全人类做出全部服务，我们就必须做出必不可少的想象和意志的努力。"

汤因比先生的这种担忧，在随后的20年里并没有消除，反而愈演愈烈，短期主义的决断似乎成了一种潮流，并最终导致了2008年全球金融危机的爆发，而爆发的源头恰恰就是汤因比最不看好的美国，连美国人自己总结金融危机的缘由基本上都归结为人性中那种贪婪的"动物精神"。

在《重新定义增长》一书中，作者更是对现代制造业发展中的浪费大加鞭挞。作者在书中写道："研究表明，美国与欧洲的汽车利用率仅为2%，材料和能源在经过第一次使用周期之后会流失95%的价值，材料循环与垃圾能源回收的原材料价值仅占全部价值的5%。全球经济如果按照当前的轨道发展，系统层面的巨大浪费难以遏制。一个事实是，人类最重要的自然资源——土地、水

上 篇
睡狮醒来

源、空气、养分和动物,几乎都受到了全球性的威胁。"

基于此,中国制造所要实现的目标,绝对不仅仅是为了超越美国成为制造霸主,而是要创建一种新的商业文明。这种新的商业文明不仅仅着眼于企业的利润与扩张,而是企业与用户、社区、环境、后代、社会的大生态圈。在《新商业文明:从利润到价值》一书中,作者乌麦尔·哈克所写道,"我个人把过去的增长称作'盲目增长'。这种增长模式最终都是不可持续的(不仅指环境方面)。因为无论是从地区还是全球范围看,这种薄价值、低质量为基本特征的经济模式都有自我毁灭的倾向。因此,一定会让位于更加均衡的智慧增长。"他断言,"能够取得智慧增长的企业,才能真正攀上21世纪经济的巅峰:这些企业在新的发展基石上建构了企业优势的最高、最坚实的基础,对大众、社区、社会和后代也更有价值。真正的价值是可以增长的价值,对董事会、股东、公众、社区、社会和自然环境都有益"。他提议:"我们可以做得更好"应该成为一种改变世界的力量,要建立一种"越改善越好"的商业模式。而要达到这样的目标,从迈克尔·波特到加里·哈默尔再到克里斯坦森几乎发出共同的声音:需要一批高瞻远瞩的企业家,尤其是制造业企业家。

中国制造业的领导者们,你们准备好了吗?

第五章 中国制造的基石：
强化制造业基础能力是关键

俗话说"基础不牢，地动山摇"。经过60多年工业化的实践和发展，我国制造业有了今天这样的成就，许多工厂内的国产装备都很精良，但是与发达国家的同类装备相比，在原材料、零部件、元器件及工艺方面仍存在显著的差距。为此，《中国制造2025》五大工程中的第三个是工业强基工程，其中的"四基"是指关键基础材料、核心基础零部件、元器件以及先进基础工艺。制造业的优秀企业家对此也深有感触，无论是任正非，还是曹德旺，这两位以国际市场为目标的企业家每当谈及技术的时候，几乎异口同声地认为：基础科学、基础研究是中国制造实现跨域的关键。面对人才问题的时候，特别讲究人才接地气的任正非脱口而出，"我们需要的是数学家"。其目标强调了人才培养的长远性和基础性。

上 篇
睡狮醒来

一、"卡脖子"之殇：制造业基础能力有明显短板

制造业基础领域的薄弱问题已经构成了中国制造向中国创造升级的瓶颈。因此，成为我国加快制造强国建设的核心问题，也是实现高质量发展的关键问题，从供给侧改革入手，再造工业化基础，对于中国实现制造强国、摆脱发达国家制约和封锁具有决定性的意义。制造业基础领域是指我国在走新型工业化道路过程中，围绕工业化和信息化建设所需要的各类基础要素，是工业赖以生存的基础和基础设施。除了包括基础零部件/元器件、基础材料、基础制造装备和检测设备外，基础技术、研发和技术创新体系、基础文化、教育和人才、基础环境、基本政策等也构成了基础领域的重要成员。这一点，我国目前在芯片研发与制造、高端数控机床、检测设备等领域遇到的挑战以及我国不少研发成果无法转化为生产力，本质上也是我们上述基础领域薄弱造成的。相关数据显示，我国在核心基础零部件、关键基础材料、基础技术和工业等产业对外技术依存度在50%以上。以集成电路产业为例，我国每年消费的集成电路价值约占全球出货量的33%，但集成电路产业规模仅占全球集成电路总规模约7%，80%的集成电路依赖进口。

我有一个朋友是一家汽车零部件企业的老板，在国内很有影响力，为了更加靠近美国客户的市场，降低国际化供货成本，他收

购了美国通用汽车在俄亥俄州的一个汽车零部件供应商的工厂。由于成本高以及市场竞争，这家工厂濒临破产，可是当我们国内这家企业进去之后发现，这家工厂的主要问题是美国市场的萎缩、工会力量的强大、员工的懒散以及管理的粗放，但是基础设备、基础工艺以及检测装备都比中国国内的企业领先十年以上，用的人少且生产效率很高。朋友当时想把这些装备直接运到国内来生产，这样，整个企业的生产率会提高，可是美国的法律不允许将这样的基础装备输送到中国，只能在美国本土使用。最终，用中国人的管理加上美国的基础装备和工艺，生产出了富有竞争力的产品。

有一次，长期从事引进技术装备管理的原机械工业部副部长沈烈初在国装智库的会议上提到，1972年，他随团到欧洲考察机床工具企业，看了30多家相关企业，还有国家实验室，回国后领导问："机床工具行业与英国差距多大？"他说："大概20年。"1978年，他再次考察欧洲回来仍坚持"差距有20年"。进入20世纪80年代，我国开始了大规模的引进与合作，机床工具有了长足的进步。不过，30多年过去了，他觉得，尽管出现了一批优秀的机床工具企业。用他的话说："这也许是希望之光，但还需要相当长时间的历练，企业领袖、管理人员、技术人员及工人需要数十年的经验积累与传承。"

根据中国工程院对26类制造业主要产业存在短板的分析，在

上 篇
睡狮醒来

当前及今后的一段时间内,产业基础的薄弱环节可聚焦于:基础零部件/元器件(包括高端芯片和传感器)、基础材料、基础检测检验设备和平台、基础制造工艺和装备、基础工业软件。改革开放40年,我们发挥后发优势,走了一条逆向发展之路:从国民经济、国防建设、人民生活需要的最终产品——主机及成套设备入手,采取测绘仿制或引进技术、购买生产许可证等方式,先解决整机有无的问题,"拿来主义"见效比较快。而工业化基础,特别是基础产品的解决比主机还难,这时如果自主解决会时间比较长,赶不上主机发展的需要,在全球化的大背景下多采用国外采购解决,逐渐形成了对基础产品的进口依赖症。我国经济发展已经进入新常态,随着制造强国战略的持续深入推进,后发优势有向后发劣势转变的趋势,制造业存在的"卡脖子"问题越来越突出,工业化基础薄弱的问题已经成为我国制造强国乃至国防安全和经济建设的"阿喀琉斯之踵",将严重影响我国社会经济和国防建设的安全。随着中美经贸摩擦的升级,中兴事件和华为事件的爆发警示我们,当前我国存在一些"致命"短板技术和产品,单独依靠市场经济已经无法解决美国的封锁和制约。根据《中国工程院制造强国指数(2017年)》数据显示,我国基础产业占全球比重从2013年的11.536%跌至2017年的6.915%,与美、日、德的差距进一步拉大。德国制造业的一个重要特点是一个金字塔形的行业结构,有强大的塔基,按细分市场进行专业化、社会化生产,具有创新能力极强的中小企业依靠"一基(基础技术)"生产

"三基（基础零部件与元器件、基础工艺和基础材料）"或总成。

二、传统制造不再传统：强基的路线图与初步成果

制造业基础再造是一个系统工程，从中国的国情出发，很多专家认为，应从发挥市场在资源配置中的决定性作用和发挥政府的引导作用相结合入手，从以下三个层次进行布局、分类施策：

第一层，发挥政府的制度化优势，采用集中力量办大事的方式，集中突破一批"卡脖子"短板项目，解决大约10%的工业基础问题。

第二层，强化政府和市场相结合的优势，加大力度持续推进工业强基工程，形成长效政策机制，解决大约20%的工业基础问题。

第三层，坚持发挥市场化机制的优势，以培养一大批专精特的"世界隐形冠军"企业为抓手，解决大约70%的工业基础问题。

《中国制造2025》将工业强基工程列为重点任务后，无论是国家部委、各地政府，还是各类企业都进行了持续的努力，装备制造业研发投入明显增加。徐东华教授主编的《中国装备制造业发展报告－2018》显示，2016年，装备制造业企业研发经费总支出为2854.36亿元，增长14.04%；技术获取与技术改造支出达到1320.52亿元，同比增加13.01亿元。经过近五年的努力，名单企业获得了初步成效。

上 篇
睡狮醒来

制造业强基工程共安排支持关键基础材料62种，涉及93个项目，涵盖了新一代信息技术、节能与新能源汽车、轨道交通、海洋工程、电力装备等重点领域。近来，多领域关键基础材料取得了重要突破，高速列车车体底架用高性能合金材料、新型平板显示用高纯度靶材、轴承用高标准轴承材料、高纯晶体六氟磷酸锂等都有喜人的突破。

制造业强基工程还安排支持核心基础零部件（元器件）59项，涉及120个项目，涵盖了新一代信息技术、工业机器人、高档数控机床、节能与新能源汽车、轨道交通、高性能医疗器械等重点领域。这方面，制造业企业也比较争气，获得了不错的成果：高速动车组齿轮传动系统成功突破了齿轮修形、轻铝合金材料、润滑密封等瓶颈技术，完成高铁列车齿轮传动系统的全面研发，解决了进口产品在运行中产生的箱体破裂、轴承烧损等质量问题，实现了为国内高铁动车配套的齿轮传动系统的生产。掺铱光纤激光器突破了大功率泵浦源、掺铱光纤、光纤光栅等激光器核心零部件的技术难题，填补了国内高功率连续掺铱光纤激光器的空白，同时打破了国际上此类产品对中国的出口管制和贸易壁垒。

制造业强基工程共安排支持先进基础工艺11项，涉及15个项目，涵盖了精密铸造、增材制造、轻量化、超大型构建成形等工艺。先进基础工艺以提高产品质量和生产效能、促进绿色发展为主攻方向，重点发展有利于提高产品可靠性、性能一致性和稳定性的先进制造工艺，不少领域的基础工艺水平都有所提高。智能高速动车组制造关键技术、艾滋病疫苗生产工艺、双轴并联混合动力技术、差别化纤维生产工艺技术等达到了国际先进水平，T400级碳纤维生产实现了产业化。

与此同时，我国制造业技术基础体系逐步完善、基础发展与产业应用良性互动的局面开始形成，制造业基础领域的军民融合深入推进，提升了整体制造业基础体系的水平。从2014年开始，国家工信部连续组织工业强基工程示范应用项目，推进了近50项重点应用，涵盖了北斗卫星导航位置信息、智能手机用新型片式元器件、工业集成控制先进技术、高端通信电缆及配套材料、石墨烯及其改性材料等，推动整机、系统和基础技术互动发展，建立上中下游互融共生、分工合作、利益共享的一体化发展模式，推进产业链协作。

三、蜕变的逻辑：转型是重构，升级是重生

这个世界上没有什么救世主，制造业的发展也是如此，制造业基础领域的发展与完善也只能靠我们自己的企业。"市场换技术"换来的成果是整体经济增长了、管理相对成熟了、技术工人和熟练工人增加了，我们对制造业的认知提升了，但是制造业的基础领域并没有多少实质性的变化。最近几年，制造业基础领域的快速进步主要得益于一批敢于为天下先、不甘落后的优秀中国企业

上 篇
睡狮醒来

及企业家。以下,我们选取了两家优秀企业来进行分享。

中国中车:由技术引进到自主创新,夯实基础领域成龙头

中国中车,这家以轨道交通装备为主要产品的制造业巨头,有着光辉而悠久的历史,无论是南车、北车合并之前还是合并之后,都是行业的翘楚。2019年,中国中车在《财富》世界500强排名中位列第359,在中国企业家协会、中国企业联合会评选的中国企业500强排名中位列第89,在中国制造业上市公司价值创造论坛评选的中国装备制造业上市公司价值创造100强排名中位列第5。

自从诞生之日起,它经历了苏联专家的撤走和外国资本及技术的封杀,更经历过西门子等世界轨道交通装备机构的坐地抬价。深知"卡脖子"的痛苦。因此,这家以"国家需要至上,行业发展至上"为使命的国有企业将"自主创新、开放创新、协同创新"作为自己的创新发展原则,不断加大对于基础技术和基础零部件及基础工艺装备的研发。2016年,中国中车研发支出达到96.84亿元,在2016年全球企业研发投入排行榜上排名第96位,并成立了首个国家技术创新中心——国家高速列车技术创新中心,承担了我国第一个由企业牵头代表国家牵头组织的项目"国家重点研发计划——先进轨道交通重点专项"。为加强技术研发,中国中车组建了"中国中车传感测量技术研发中心"等8家专项技术研发中心。通过持续的投入和建设,目前中国中车已拥有11个国家级行

业研发机构、21个国家级技术中心和12个海外研发中心，初步搭建了具有国际先进水平的轨道交通装备设计、制造、产品三大技术平台。为推进"产、学、研、用"协同创新，中国中车还组建了同济中车创新研究中心，建立了"191校企联盟"模式（中国中车＋同济大学等9所高校＋观察员湖南大学）并已经开始运行。此外，中国中车还牵头成立了国际轨道交通车辆工业设计联盟、中央企业电动车产业联盟，在国家知识产权局发布的"中国企业专利奖排行榜"上，以38件获奖专利位居第2名，居装备制造业之首。

中国中车正是靠这种超前的战略思维和过硬的技术力量，以及持续的努力，自2014年以来获得了一系列技术突破：高速动车组牵引控制系统、制动系统、永磁电传动系统、大功率IGBT等，具备了世界级的领先优势。可以说，中国中车产品技术研发体系基本涵盖了从嵌入式底层软件技术到应用级控制软件技术；从基础技术、行业共性技术到产品关键技术；从系统集成技术到产品工程化实现技术的全技术链；从芯片到板卡；从零件到模块、部件；从系统到整机整车的全产品链，基本形成了能够满足中国轨道交通装备制造行业技术产品发展需要的，包括设计分析、计算仿真、试验验证、检验测试、信息情报、创新管理等技术创新保障能力。中国中车的技术开发系统以加强轨道交通装备基础技术、核心技术、共性技术研发为出发点，围绕重要系统、关键部件产品，在高端轨道交通移动装备系统集成技术、牵引传动技术、网络控制

上 篇
睡狮醒来

技术、转向架关键技术、车体关键技术、制动关键技术、柴油机关键技术、齿轮传动系统关键技术、弓网受流技术、振动噪声控制技术、工程机械电气传动与控制技术、永磁电机、电力电子器件形成一系列的基础领域突破并达到国际先进水平。在基础材料应用研究、轮轨关系研究、高寒高速动车组关键技术研究、车体疲劳试验研究、服役性能研究、谱系化头型、重载快捷货车核心技术基础理论研究、仿真验证技术及可靠性技术研究等方面取得了一批基础性应用研究成果。基于互联网的轨道交通旅客信息服务系统、电力电子变压器、永磁牵引传动系统等一批前瞻性技术研究也取得了阶段性研究成果。

2019年9月12日，我在浦东干部管理学院为"中车班"授课的时候，与中车高管们探讨中车"联合创新"模式时，也有很多的感受。正是由于内外结合的联合创新，才产生了系列硕果，并使中国轨道交通装备国际竞争力获得了极大的提升。

比亚迪：通过内外整合打造基础能力的逆袭者

比亚迪是一家成立于1995年的民营企业，发展的路径与中国中车不一样。由于技术底蕴和资本实力都比较弱，比亚迪首先进入的是一个门槛比较低的二次充电电池领域，且以直接从上游企业买来生产电池的配件进行加工组装。但是技术出身的创始人王传福深知，他进入的这个领域，基础技术和基础工艺都是非常重要的，因为资金的限制，只能先这样开始。他充分利用自己是充电电池领域高级专家的优势，自己设计生产工艺，自己研制关键设备，能用人工的地方尽可能用人工。由于使用了大量相对廉价的劳动力，比亚迪的产品比日本厂商和国内一些以数千万元资金引入生产线的企业有着明显的优势，产品性能却丝毫不比日本同行的差。据说，当时的世界充电电池之王东芝很是不服气，自己的技术一流、成本控制一流，怎么就干不过一个小小的中国企业呢？于是，偷偷地派人来观察，结果，看到比亚迪车间那一排排年轻的女工时，这家日本企业代表惊呆了：没有办法与中国人竞争，在日本根本无法找到这么多如此年轻的工人。最终，比亚迪的比较优势迫使东芝在 2002 年彻底退出了锂离子电池市场。当然，王传福更清楚，这种人力资源很快就会丧失，必须进一步加大技术创新的步伐、优化关键工艺和基础装备。

1997 年，比亚迪开始研发充电电池市场具有核心技术的镍氢电池和锂离子电池，设立中央研究院，搜罗专业人才，把生产流程化整为零，在关键生产阶段用先进的装备去完成，在一般的生产阶段尽可能用人工来完成。形成了劳动密集型 + 技术密集型相结合的生产模式，将充电电池的生产设备研制和工艺改进紧密结合，对需要的关键生产设备进行自主研发，形成自己的核心技术体系。到 2000 年，比亚迪的锂离子电池生产技术渐趋完善，形成了自己独有的生产方式、工艺和核心技术，实现了 60% 的生产设备自主研发。2003 年，成长为全球第二大充电电池生产商。

上 篇
睡狮醒来

2002年，比亚迪在香港上市，拥有了强大的资本力量，连全球投资大鳄沃伦·巴菲特都成为其A轮的投资人。王传福意识到，仅仅掌握电池的技术是不够的，会受到下游厂家的严重制约，直接影响公司的持续发展，同时，环境的压力日趋严重。因此，王传福于2003年决定开发电动汽车，而电动汽车最为关键的技术正是充电电池，比亚迪恰恰具有全球领先的电池技术。2003年1月23日，比亚迪通过收购西安秦川汽车公司（现更名为比亚迪）正式进入汽车领域。正是依靠其自有的电池技术、关键设备和基础工艺的多年积累，比亚迪确保了汽车生产过程的低成本和高性价比，从而创造了单一车型最快销售超10万辆的记录。在今天新能源汽车百花齐放的市场中，如果说有一家新能源汽车公司能够完全依靠公司自有技术、自有装备和工艺，完全掌握产业链，生产出自己的新能源汽车，唯有比亚迪。

比亚迪之所以能够取得这样的成绩，与老板王传福重视夯实基础密切相关。他没有照搬国内很多企业花高价引进国外自动化生产线的做法，而是通过渐进式的自主创新，小步快跑，注重基础工艺、基础技术、基础装备，形成了独具特色的"技术密集 + 劳动密集"的生产模式。如果当时从日本引进日产20万枚锂离子电池的自动化生产线，需要花费1亿美元，还可能受到技术与维护及升级的"卡脖子"制约，而比亚迪只花费了4000万元就拥有了自己的生产线，而且还成功掌握了整个生产过程的关键技术、关键工艺，最终将日本老师"斩"于马下。当然，这并不意味着比亚迪是一家技术创新"保守"的公司，相反，它是一家开放"凶猛"的公司，已在全球建立了领先的研发机构。2019年11月7日，比亚迪与丰田就合资成立纯电动车研发公司达成了战略合作协议。

拥有自主技术的比亚迪发展势头正盛，2019年，中国500强排行榜出炉，汽车及零配件企业达22家，营收共计22 186亿元，其中6家车企营收破千亿元大关，分别是上海汽车、潍柴动力、北京汽车、比亚迪、吉利汽车及东风汽车。比亚迪在汽车及零配件企业中排名第4，超过了吉利和东风；在中国企业500强榜单中排名第70；在中国装备制造业上市公司价值创造100强榜单中排名第6，正好在中国中车之后。

当然，中国中车和比亚迪并不能代表中国制造业尤其是中国的装备制造业全部，但它们却是中国制造业转型升级的缩影和代表者之一，是强调关键技术、关键设备、关键工艺的狂热技术派。无论是中国中车这样的国有企业，还是比亚迪这样的民营企业，它们都清晰地知道，缺少关键技术和设备是什么滋味，知道什么叫"卡脖子"。因此，要必须摒弃传统的低利润、高消耗、买技术推动发展的成本思维，树立高创新、低消耗、自有技术的价值思维。只有这样，企业的瓶颈才会变成动力，"卡脖子"的技术才能成为刺激企业创新的源头。

上 篇
睡狮醒来

诺贝尔经济学奖获得者、美国著名经济学家保罗·萨缪尔森说:"如果中国制造能够找到一个有效的发展模式,那么,其规模就可能在2020年前超越日本,整体的国民生产毛利润将仅次于美国。"今日听来,萨翁的第一个期望已经很早实现了,而第二个期望,有待于我们去努力实现。

第六章 中国制造的硬核：
硬科技赋能先进制造业

中国制造正在经历着前所未有的巨变，无论是国内的产业结构调整及供给侧改革，还是国际上美国的"工业互联网"和"制造业回归"，以及德国的"工业4.0"，同时也绝不能忽视日本的"社会5.0"。这些都意味着公认的以人工智能、产业互联网为基础的第四轮技术革命已经到来，创新也已经成为拉动制造业发展的第一动力。以"硬科技"为代表的科技创新正在重塑全球的经济结构，使得制造业的内涵与外延相关产业链发生颠覆性的转换。

习近平总书记强调，要强化科技创新策源功能，努力实现科学新发现、技术新发明、产业新方向、发展新理念从无到有的跨越，成为科学规律的第一发现者、技术发明的第一创造者、创新产业的第一开拓者、创新理念的第一实践者……要强化高端产业引领功能，坚持现代服务业为主体、先进制造业为支撑的战略定位，努力掌握产业链核心环节、占据价值链高端地位。

上 篇
睡狮醒来

2018年12月6日，李克强总理在国家科技领导小组第一次会议上强调"突出'硬科技'研究，努力取得更多原创成果"，我国必须尽快打破对传统科技创新路径的依赖，下大力气发展硬科技，加快科技创新战略转型，从模仿跟随到引领，从引进模仿升级至集成、原创和整合。

一、赋能力量：用硬科技拉升中国制造

"硬科技"的"硬"在中文语义中不单指坚固，更具有能量强、质量强、刚强有力的内涵，其英文翻译"hard & core technology"也从词源上强调了科技的核心发展程度，而非单纯的难易程度，更表示了这一阶段科技发展的实质。

硬科技主要包括人工智能、航空航天、光电芯片、生物技术、信息技术、新材料、新能源、智能制造八个领域，这些往往以自主研发为主，需要长期持续投入，才能形成高精尖的原创技术及其系列产品，中国中车的高速列车相关技术、华为的5G相关技术及海思芯片都是这种成长模式的典型代表，具有较高的技术门槛和技术壁垒，被复制和模仿的难度较大，有明确的应用产品和产业基础，对产业的发展具有较强的引领和支撑。硬科技区别于由传统的互联网模式创新构成的纯粹虚拟世界，属于由科技创新构成的物理世界以及物联网带来的信息物理世界。传统互联网带来的商业模式创新浪潮将逐步让位于硬科技引导的科技型创新趋势。

制造强国
重构产业与城市创新行动思考

作为全球研发投入最集中的领域,信息网络、生物科技、清洁能源、新材料与先进制造等正孕育一批具有重大产业变革前景的硬科技。受此影响,先进制造开始向结构功能一体化、材料器件一体化方向发展,极端制造技术向极大(比如,航母、军事航天器、极大规模集成电路等)和极小(比如,超小型无人机、微纳芯片等)方向迅速推进。人机共融的智能制造模式、智能材料与3D打印结合形成的4D打印技术,将推动工业品由大批量集中式的生产模式向定制化分布式的生产模式转变,引领"数码世界物质化"和"物质世界智能化"。这些硬科技不仅不断创造各式各样的新产品,还将决定着一个国家的硬实力。

以色列是一个国土面积只有2万平方公里、人口只有800多万的国家,其国土面积比北京稍微大一点,人口不到北京的三分之一,四面几乎全部是敌对国家。就是这样一个国家,却让对手胆寒而不敢轻举妄动,令世界尊重,原因何在?在于其强大的技术威慑力,尤其是硬科技力量的威慑性。以硬科技为基础的军事工业是以色列第一支柱产业,其产值占到工业总产值的45%左右。以色列拥有先进的核武器、耶利哥系列中程弹道导弹、自己的卫星、陆基中段反导系统和先进的第四代战斗机(F35)、三代坦克等尖端装备。国家虽小,但硬科技配置很高。比如以色列自行研发部署的"铁穹"反导系统,不但可以拦截哈马斯发射的火箭弹,还能有效拦截迫击炮弹,是世界上第一个能有效拦截炮弹的防御系统。同时,其拦截成本相较于传统的防空导弹大为降低,有效

上 篇
睡狮醒来

化解了用大炮打蚊子的尴尬。它自行研发的耶利哥系列中程弹道导弹是中东最先进的弹道导弹。

除此之外，以色列在网络空间安全、航空及无人机、人工智能及机器人、能源及太阳能等硬科技主导的领域都是处在世界的前列。之所以如此，与一个数据分不开：以色列拥有世界上占人口比例最高的科学家和工程师队伍，每 10 000 名雇员中就有 140 位科学家和工程师，相比之下，美国和日本分别只有 85 和 83 位科学家和工程师。看了这些数据，如此"强硬"的以色列能不让人敬畏吗？

从发展脉络看，硬科技正在从以下两个方向上引领或重塑科技创新以及制造业。

1. 智能化成为硬科技创新方向的引领力量

智能化是继机械化、信息化之后促成新一轮科技革命的重要力量。人工智能、大数据、云计算、生物交叉等智能科技的迅速发展及其与传统技术的深度融合，促进机器智能、仿生智能、群体智能、人机融合和智能感知、智能决策、智能行动、智能保障等关键技术的突破，加速推动服务机器人、安防机器人、无人汽车、无人机、智能穿戴设备等智能化产品的普及，加速制造业的智能化；5G 及 6G 移动通信技术、全球卫星组网通信技术、相关软件和认知无线电通信技术、量子通信技术等的快速发展，使"万物互联"逐步走向智能化、泛在化，必将成为制造业乃至整个社会经济的"大脑"和"神经系统"，帮助人类实现"信息随心至、万物触手及"的用户体验，为制造业带来难以想象的创新和巨大的新增长点。

2. 颠覆性技术成为诱发产业迭代的推动力量

颠覆性技术已经成为营造产业风口的决定性推动力。作为全球研发投入最集中的领域，信息网络、生物科技、清洁能源、新材料与先进制造等正孕育一批具有重大产业变革前景的颠覆性技术或黑科技，量子计算机、材料基因组、干细胞与再生医学、合成生物和人造叶绿体、纳米科技和量子点技术、石墨烯材料、非硅基信息功能材料等，已经展现出了诱人的应用前景。这些颠覆性技术将不断创造出新产品、新需求、新业务以及新物种，成为驱动制造业升级的关键力量。

二、关键领域：抢占高端装备制造高地

《中国制造2025》在第六项战略任务中明确提出"瞄准新一代信息技术、高端装备、新材料、生物医药等战略重点，引导社会各类资源集聚，推动优势和战略产业快速发展"，高端装备创新工程的重点发展内容包括"组织实施大型飞机、航空发动机及燃气轮机、民用航天、智能绿色列车、节能与新能源汽车、海洋工程

上 篇
睡狮醒来

装备及高技术船舶、智能电网成套装备、高档数控机床、核电装备、高端诊疗设备等一批创新和产业化专项、重大工程"。可以看出，硬科技的创新和突破正是《中国制造2025》的核心内容，其中以下的十大关键领域成为硬科技创新决战的主要战场。

1. 新一代信息技术产业

这一产业领域包括集成电路及专用装备、信息通信设备、操作系统及工业软件。到2016年年底，我国的软件和信息服务已占电子信息产业收入的29%，形成了坚实的网络基础、应用基础和用户基础，生态体系进一步完善，产业链构建和掌控能力显著提高。当下，以华为、京东方、中芯国际、小米科技、百度、科大讯飞等优秀企业为代表的一批全球性行业龙头的崛起，意味着我国在这一产业领域的创新和发展能力在不断增强，也正在成为我国制造业创新驱动发展的重要驱动力和支撑力。

2. 高档数控机床和机器人

机床工具行业是为制造业提供工作母机的基础装备产业，具有技术密集、人才密集、资金密集、创新资源与要素密集等特征，与汽车工业、航空航天制造业、船舶工业等的发展密切相关。高档数控机床的发展水平更是一国制造业水平和综合国力的直接体现，在全球前几次产业升级及变迁中，始终是发达国家控制的制高点，关键技术和设备出口受到严格的限制。近年来，关键核心技术有所突破，高速/精密立卧式加工中心、高速/精密车削中心、五轴联动加工中心、高档数控系统和功能部件及高效工量具等，已经进入样机或样品阶段，正在走向产业化。但是，关键功能部件发展滞后、产品可靠性差的问题仍然普遍存在。不过，我国陕西秦川、大连机床、友嘉集团、大族激光、大连光洋、威海天润曲轴等一批龙头企业通过潜心研发、海外并购等方式正在抢占这块新高地。

与高档数控机床行业相比，我国的机器人行业发展迅猛，自2013年起，我国就成了全球第一大工业机器人应用市场。到2016年年底，据《中国制造2025蓝皮书（2017）》的数据，每万名产业工人使用工业机器人的数量为26。尤其重要的是，2016年以来，附加值高的国产多关节机器人开始逐年上升，但是服务机器人、自主品牌、关键技术等方面均有明显短板，行业集中度也不够，高端市场稀缺、低端市场过剩。整个行业刚刚发展起来，内部产业结构就开始出现了严重的失衡。

3. 航空航天装备

《中国制造2025》将航空航天装备列为重点发展的关键领域之一，并在"高端装备创新工程"中强调要组织大型飞机、航空发动机及燃气轮机、民用航天等一批创新和产业化专项、重大工程。

上 篇
睡狮醒来

2016年8月28日,中国航空发动机集团成立,致力于航空发动机、辅助动力、燃气轮机、飞机和直升机传动系统及其衍生产品的研制、生产、维修和服务等,是我国航空发动机和燃气轮机国家科技重大专项的实施主体和航空发动机产业发展的主要载体,标志着我国航空发动机产业将形成全新格局。这一年,C919大型客机项目一系列重要试验顺利完成,并于2017年5月5日成功完成首飞测试。而航天装备领域里也取得了显著的进步:深空探测工程进入新阶段,新型航天发射场投入使用,首颗同步轨道移动通信卫星发射而使得我国卫星移动通信进入"手机时代",首颗量子科学实验卫星"墨子号"发射,新一代运载火箭长征五号成功首飞,北斗导航系统的稳定性明显增强。同时,国产客机和航天领域的商业化有了实质性进步。不过,由于2020年5月,马斯克的Space X成功将宇航员送入太空给了我们一个强烈的信号:商业化的民用航天将是下一个竞争激烈的硬科技领域。

4. 海洋工程装备级高技术船舶

大力发展深海探测、海洋资源开发、海上作业保障装备级关键系统和专用装备也是高端装备的关键领域。这一方面是基于海洋资源的丰富;另一方面,我国正在迈向海洋大国和强国,尤其是海军装备。尽管我国第一艘国产航母已交付,海军舰艇的数量已达全球前三名的水平,但是与美国、日本、俄罗斯等海军装备发达的国家相比,在技术水平上还有很大的距离。2019年,南船与北船合并形成的中船集团已经成了造船修船领域的超大型企业，通过自主研发、并购重组、联合创新，正在走向海洋装备领域的领军地位。不过，未来一段时期的竞争将更加激烈，美日韩等发达国家牢牢控制着海洋高端装备制造的核心关键技术和核心关键配件以及总装产业链。面对这样的对手，我国的海洋装备企业要有充分的认识，同时选择好自己的发展模式。

5. 先进轨道交通装备

轨道交通装备主要涵盖了机车车辆、工程及养路机械、通信信号、牵引供电、安全保障、运营管理等各种机电装备，其不仅是国家公共交通和大宗运输的主要载体，属高端装备制造业，也是我国高端装备"走出去"的重要代表。2016年以来，我国以高铁为代表的铁路和城市轨道交通持续发力，凭借满身的"硬科技"能量，走上了世界领先的位置，成为我国装备制造业以及科技创新的名片。

6. 节能与新能源汽车

《中国制造2025》明确提出：继续支持电动汽车、燃料电池汽车发展，掌握汽车低碳化、信息化、智能化核心技术，提升动力电池、驱动电机、高效内燃机、先进变速器、轻量化材料、智能控制等核心技术的工程化和产业化能力，形成从关键零部件到整

上 篇
睡狮醒来

车的完整工业体系和创新体系,推动自主品牌节能与新能源汽车同国际先进水平接轨。

这一战略设计推动了我国新能源汽车的春天的到来,可谓"百花齐放",既有北汽集团这样的传统汽车转型巨头,又有蔚来汽车这样的互联网汽车新贵,更有百度这样做无人驾驶汽车的人工智能企业。当然,我们更不能忽视承诺2020年零配件实现80%国产化的特斯拉上海超级工厂。在相关政策的推动下,也在上述竞争格局的影响下,中国的新能源汽车领域已经展开了激烈的厮杀,特斯拉竟然宣布Model 3降价到29.9万元,进来的这头"转基因狼"能否带动这个产业向上走,还得拭目以待。

不管怎么说,新能源汽车的产销量是提升了。2019年销量为120.6万辆,比2018年降低了4%,这意味着中断了近几年保持的持续增长势头。此外,几家新能源汽车生产厂家还出现了严重亏损甚至被外传崩盘。不过,其发展的方向是不会变的,新能源汽车是大趋势。2019年12月,国家工信部会同有关部门起草了《新能源汽车产业发展规划(2021—2035年)》(征求意见稿),并开始向社会公开征求意见,新能源汽车将迎来新的发展高潮,不过技术创新、商业模式均需进行转型升级,否则,有不少新能源新贵还没有长成就结束了,毕竟完全靠国家补贴或者烧投资人的钱不是长久之计。

7. 电力装备

我国的电力装备主要分为发电装备和输配电装备两大类，发电设备连续 13 年超过 1 亿千瓦，占全球发电装备量的 50% 以上。无论是国家"十三五"规划还是《中国制造 2025》都将智能电网的建设放在了关键位置，已经从新能源战略性产业的重点产业提升到国家发展战略。作为实现这一战略载体的国家电网公司自然是这个领域的领军企业，而且它已成为全球最大的电网及电力设备制造公司，在 2019 年《财富》世界 500 强排名中位列第 5，可见规模之大、影响力之深。另一家电网公司——南方电网，则在 2019 年的世界 500 强排名中位列第 111，也是一个巨无霸。由这些巨无霸带动下的电力装备制造业在智能电网的核心领域的关键技术和关键设备研制水平已经处于世界领先水平。

8. 农机装备

《中国制造 2025》将农机装备列入十大重点领域之一是一个非常重要的战略举措。农业的进步永远都离不开农机的技术进步。文中明确要求：重点发展先进农机装备，加快发展高端农业装备及关键核心零部件，实现农机装备的智能化，建设现代农业。《"十三五"国家科技创新规划》中强调发展农业高新技术产业，重点发展农业生物制造、农业智能生产、智能农机装备等。中国

上 篇
睡狮醒来

是一个农业大国,但农机装备水平却长期偏弱,截至2016年,我国的农业装备品种仅有4000种,与发达国家7000种相比存在较大的差距。尽管通过最近几年的发展,农业高新技术有了明显的进步,但是农机智能化程度依然处于起步阶段,关键零部件和整机装备依然很落后,这既需要国家的关注,增强投入,也需要农业体制本身的深化改革,更重要的是应该培育农机装备巨头,进行农业及农机装备商业模式和技术创新方式的变革。

9. 新材料

根据国家工信部发布的《新材料产业"十二五"规划》的定义,新材料是指新出现的具有优异功能和特殊功能的材料,或是传统材料经过改进后性能明显提高和产生新功能的材料。前者如石墨烯、液态金属、3D打印材料、高端碳纤维、智能材料以及其他稀土材料;后者如耐蚀钢、钢化玻璃、各类合金、复合材料等。新材料产业具有知识密集、技术密集、资金密集、高附加值,以及生产与市场的国际性强、应用范围广、发展前景好等特点,其研发水平及产业化规模已经成为衡量技术发展水平和制造业高度的重要标志,更决定着硬科技到达的高度,而这个领域恰恰是我国制造业的短板,无论是石墨烯、高端碳纤维,还是稀土材料几乎全被发达国家把持。材料落后,无论是航天、航空,还是其他高端装备都很难升级。因此,《中国制造2025》将其列为十大关键领域之一,国务院还专门成立了新材料发展领导小组,国家工信部联合国家发改委、国家科技部、国家财政部印发了指导意见，加大了推动发展力度，获得了一些关键性突破，如动车用材料、高端碳纤维、超薄液晶玻璃板等，但在石墨烯等新材料领域，还有很长的路要走。

10. 生物医药及高性能医疗器械

生物医药及高性能医疗器械行业是关系到国计民生的重要产业。除了各类先进的化学药、中药和生物技术药品外，新型疫苗、新靶点化学药等以及医用机器人等高性能诊疗设备、高值医用耗材、远程诊疗等移动医疗产品都是发展的重点。受国家政策推动，最近几年来，这个领域发展的速度已经仅次于汽车制造业的速度，是少有的长期产业风口领域，随着人均GDP超过1万美元，这个行业仍然会保持高速发展的势头。这是制造业里少有的持续风口产业。

以上这十个领域都是硬科技的主战场，也是《中国制造2025》关注的十大产业领域。未来这十大产业领域能否成为中国制造业的拉动力量，取决于这些领域的创新力度和商业模式以及国家相关政策的支持。

三、创新路径：由"包养"模式向"散养"模式的转换

著名的创新管理大师克莱顿·克里斯坦森于2020年1月23日

上 篇
睡狮醒来

去世。从事战略研究的智库人士、管理咨询顾问应该都读过他的"创新三部曲",当然,最经典的还是第一本《创新者的窘境》,书中给我们留下了依靠创新崛起的行业领先者怎么会掉入可能因创新而导致失败的窘境说。这样的窘境时时可能出现在行业领军者或者意图创新的成长企业中。因此,创新是个有着巨大风险的事情。而以硬科技为基础的装备制造业具有技术含量高、产业链长、技术关联度大、投入比较大的特点,更可能会遇到创新者的窘境。我国的制造业,尤其是装备制造业,还有一个更具特色的窘境,就是国家投入资金推动企业创新,不少龙头企业靠国家资金支持创新,似乎缺少了对创新失败的恐惧和动力,钱花出去了,成果成了一系列的论坛,而且可能有了样品,也评上了各种各样的奖项,然后就没有然后了。根据我个人的观察,同时也根据统计数据,我们国家每年的科技成果数量还是不少的,国家科技部相关机构拥有的各类技术创新项目、中科院系统各个研究所的科技创新项目就多如牛毛,但是科技转化率却低得可怜。难道是中国人不聪明、不善于创新吗?这从中国制造的发展历程、硅谷科学家中40%左右都是华人、硅谷创业者中25%以上是华人,以及国内每年大批科研成果层出不穷的情况看,结论是否定的。

为什么我们制造业的创新,尤其是硬科技领域的创新,仍然与发达国家还有着明显的差距呢?我们可以从创新的条件谈起。

创新是有风险的,而且这种风险是个人或者小企业难以承受的，但是创新有另外一个特点：长期坚持，一旦成功就会有大回报，犹如惠普、微软、苹果等公司的成功。因此，必须有良好的知识产权机制和资本变现机制，一旦创新者成功就可以享受其巨大的红利。

同时，创新的气氛也很重要，要有允许短期失败的氛围。很多企业老板，很多有推波助澜的所谓风投和私募股权投资机构（没有几个愿意投早期项目的，都喜欢投 Pre-IPO[一]），刚"结婚"就想要"孩子"，而且"孩子"还要求是看起来挺成熟的。这就导致了很多私募股权投资机构将更多的精力投入互联网领域的商业模式创新型企业，很少愿意投资硬科技领域的项目。

当然，硅谷之所以出现上述场景，跟美国 20 世纪 80 年代颁布的《拜杜法案》有直接关系，这个法案的核心就是：凡是国家机构资助的科研项目，一旦进行科研成果转化，项目主持人或技术发明人其个人可以获得绝大部分的收益。近年来，国务院、科技部、中科院也出台了相关政策，起到很大的推动作用。但是，在清华大学、浙江大学出现的教授创业引来刑事诉讼的案例中，体现出来的法规与政策不稳定，以及国有资产在知识产权领域的界定不清晰，对于科技创新成果转化仍然具有明显的负效应。不过，

[一] Pre-IPO：表示准上市公司，即预期企业可近期上市。IPO（inital public offerings）为首次公开募股，Pre－IPO 就是首次公开募股之前。

上 篇
睡狮醒来

一批硬科技独角兽企业的诞生还是给我们的技术创新成果转化带来了满满的正能量和正向刺激。

由此看来,以往那种包养式(国家机构支持、国家机构管理及负责转化)创新模式应该逐步让位于散养式的创新模式,国家承担政策支持和重点资金扶持,国家机构重点关注硬科技领域的关键重大项目,然后完善类似美国《拜杜法案》一样的相关政策和法规,强化企业技术创新主体地位,放手让各类企业争奇斗艳,发挥大型企业的龙头引领作用,全力推进产学研协同创新机制,构建多层次区域或产业创新体系,完善知识产权法规及执行机制。我相信,代表中国智慧的硬科技领域创新一定会成为中国制造升级的引领者。

下篇 重塑战略

开篇之前,我们先看三个场景吧。

第一个场景:美国华盛顿。2016年11月1日,我赴华盛顿,在距离办公地很近的外交公寓参加了美中国际交流发展基金会与美国智能制造领导力联盟(美国知名智库发起,GE、微软等大企业都参与的NGO①)举办的第三届中美智能制造峰会。我的演讲题目是"重构价值链与中美制造业的关系",演讲引发中美双方的强烈共鸣。之后,我先后拜访了美国联邦通信管理委员会的前任副部长及现任的首席科学家,参加了一系列智库活动,考察了企业,还与哈佛大学前校长萨默斯进行了短暂的交流,比较直接地了解到美国制造业及智库对于中国制造崛起的关注和担忧,第一次从美国精英人群和企业界人士中感受到了中国制造的力量,也看到了我国与发达国家在制造业领域的差距及中美之间在制造业领域的分歧所在。

---

① NGO:非政府组织 Non – Govermental Organizations 的英文缩写。

下　篇
重塑战略

第二个场景：制造业伙伴。我是一个从事管理咨询工作 20 多年的职业顾问，如果加上在央企工作的经历，与企业打交道的时间已超过 25 年，再加上讲课、投资及其他方面的合作，与各种类型的企业接触超过 300 多家，其中最多的还是制造业。自从担任中国制造业上市公司价值创造论坛的秘书长以来，我每年打交道的制造业上市公司及其他类型制造业企业数量超过 100 家。这些企业中有我非常好的朋友，也有合作多年的客户。他们的发展和命运都牵动着我的心。其中，最让我担心且感受强烈的是，他们中有不少优秀的企业家，都具有强烈的家国情怀，也特别希望改变，而且还花费了不少精力和财力尝试变革。令人遗憾的是，这些尝试要么长期没有任何进展或效果，要么半路夭折后不敢再做尝试。他们和我有同样的共识：不改变肯定是没有出路的。但是如何才能通过变革使公司获得重生或完成转型升级呢？具体的方法和路径先不说，我觉得，至少应该用新的方法、新的路径去获得新的胜利。只有新的方法，才能获得新的成果。

第三个场景：地方政府的招商引资。最近 5 年来，由于举办制造业上市公司论坛及提供智库服务的缘故，我多与地方政府打交道，主要话题和主要合作事项都与招商引资有关，其中主要是关于制造业，尤其是先进制造业或高端装备制造业，这是地方政府工作的重点。从中可以看到，很多地方政府为了招商引资已经绞尽脑汁了，其花费的人力、物力及不达目的不罢休的敬业精神，常常让我很感动。不过在我看来，其效果并不明显，感觉就像撞大运。仔细想来，绝大部分的城市仍然是传统的招商引资模式，谈政策谈扶持，无非是土地、税收优惠和配套政策，其实这在全国几乎都一样，目前最大的不同可能就是补贴了，这一点，江浙粤三省占据了相当的优势，而且更重要的优势是产业链和市场的优势。即使如此，这三个省份所辖的地市县的招商引资也并不顺利。我觉得，这种传统的招商引资模式走到了尽头，如果不能有实质性的变化或变革，就是招商的成本越来越高、招来的好项目越来越少。

面对上述场景，我的结论是，中国制造业的发展到了一个重要的历史关头，以中国价格为特征的传统发展战略显然已经过时了，以中国价值为特征的发展路线正在确立。如何才能实现这一重要的战略转换呢？这正是本篇试图回答的问题。

第七章 重新定义价值：
从重评制造业上市公司价值开始

管理大师彼得·德鲁克说过："企业的目的必须在企业本身之外。"企业的一切经营管理目标，是在为自己创造价值的同时，也应该为社会创造价值，实现双赢。企业的一切都应该围绕价值进行，为用户创造价值，为员工创造价值，为社会创造价值，一切都是价值的体现。可到底什么才是价值呢？

一、价值重塑：由单一价值提升为复合价值

谈及价值，人们一定会问一系列的问题：什么是用户的价值？难道物美价廉才是用户的价值？什么是员工的价值？难道只有薪酬高才是员工的价值？什么是社会价值？难道只有交够了税、捐了款才是社会价值？

从企业的角度讲，传统的价值概念就是创造收入和利润的能力

以及由此给上市公司带来股价上涨的能力。苹果公司目前是最值钱的科技公司之一，一是因为它的产品非常受欢迎，带来了巨大的收入。据2019年财报，苹果公司年收入为2600亿美元；二是因为其市值为1.3万亿美元，是全球第一家过万亿美元市值的上市公司；三是因为苹果公司2019年第三季度账上现金储备高达2254.11亿美元，比峰值时期2017年的2500亿美元储备还少了200多亿美元。以至于特朗普总统总是酸酸地说"苹果比美国政府还有钱。"但是，在乔布斯活着的时候，尽管其创意无限，令粉丝狂热，但是饱受美国社会及国际社会的抨击：乔布斯太吝啬，从来不做公益事业，从来不捐赠一分钱。后来，库克上台后，这个局面有了很大改观，但是从社会认知度上，苹果公司及其CEO与微软及其创始人比尔·盖茨相比，还不在一个层次上。

不管苹果公司的市场影响力有多大，今天的价值概念显然与此前相比还是有很大的不同，而且是本质上的不同。从概念上讲，价值最基本的内涵是用户（顾客）、企业及其交易本身的合理性。这个交易的过程从本质上来说就是价值转移的过程。如果企业的产品和服务不能够创造价值并将这种价值转移给用户（顾客），或者被认为转移的价值很低，用户（顾客）就会流失。正是从这个角度，德鲁克提出了"企业的本质在于创造顾客"的价值本质说。但这可以定义为价值的狭义概念。一个企业之所以能够创造价值，是因为其拥有完整的价值链，就是创造价值的链条，这个链条越是配合默契，价值创造过程越是顺畅。因此，价值概念如果扩展

下 篇
重塑战略

开来，就是价值链各方利益的利益均衡。而在今天，这一概念已经不仅仅限于价值链的范围，而是生态圈的范围，因为任何价值创造的过程都离不开有关的生态圈，如社区、环境、资源、公众与社会服务。

明显可以看出，这一价值概念已经不单是商业价值概念，而是一个复合型的社会商业价值概念。今天提倡的"绿色制造"正是这种价值理念在制造业的重要体现，这不仅仅是节能增效的精益理念，更是创造复合价值的绿色制造理念。

当然，人们对于价值的认知肯定是有三六九等，高水准的价值认知一定更关乎人类的生存本身，而不仅仅着眼于企业创造了多少利润、股东分了多少钱。茅忠群认为，既然方太"要成为一家伟大的企业"，那就不仅要将企业作为一个经济组织，还应该发挥社会组织的作用，要导人向善、以安人心，不能做对人类有害的事情和产品。他认为，即使从用户的角度讲，企业的价值也不应仅仅体现在物美价廉或满足顾客需求上，而是要让用户"动心"的同时，还要让用户"放心、省心、舒心、安心"。从方太提出的使命和目标就可以看出茅忠群对于价值的理解。他说：

"说到社会责任，我们未来主要想影响十万企业家＋千万家庭＋幸福社区。我们的三个目标是：第一，到2028年，助力一千万家庭提升幸福感，这个和我们的新使命有联系；第二，到2028年，助力十万企业家迈向伟大企业，这个事情我们已经在干了，从 2017 年 8 月就开始举办方太文化体验营;第三,到 2030 年,成为一家千亿级的伟大企业。千亿级企业说什么,都很容易让企业家学习。为了能让更多的企业家实现使命、愿景,我们要继续做大。"

这样的企业及企业家值得推崇。

二、价值重评:由数量决定的"大"提升为价值决定的"强"

既然意识到价值的力量,那么该如何评估当前制造业企业的价值创造意识和能力?从 2015 年起,我们组建了中国制造业上市公司研究中心,与业内专家合作,开始研究中国制造业上市公司的价值创造方向和能力。在我们看来,制造业上市公司是中国制造业的重要组成部分,是制造业整体实力的集中体现,是制造业在资本市场表现的最直观反映。同时,可以通过公司提供的公开财报获得数据,可以直接查看他们的公告以及从社会各界对他们的评价中捕捉信息。这样,获取的数据相对客观公正。可以说,中国制造业上市公司的价值创造能力,可以代表中国制造业的价值创造能力,可以展现中国制造业的价值创造的动向。我们的研究人员开发了一个制造业上市公司价值创造指数模型,在一年一度的中国制造业上市公司价值创造论坛上公开发布研究成果。

那么,什么样的企业能够创造最大的价值?价值的内涵究竟应

下 篇
重塑战略

该包括哪些？当前，最知名的莫过于美国《财富》杂志每年度评选出的"世界500强"，这已经成为世界级大型企业的标志。《财富》杂志以营业收入为核心指标，加以利润等作为辅助指标。营业收入是企业向市场提供商品、劳务及其他服务而获得的资金流入，是收益的源头；而利润是收入和费用的差额，以及其他直接计入损益的利得和损失，是价值创造的最直接体现。营收和利润直观地反映了企业价值创造的体量，但是没有衡量价值创造的效率。

我们的研究报告不仅仅衡量价值创造的绝对值，还将评估价值创造的效率。我们汲取了《财富》杂志的精华，同时结合自身的创新，采用营业收入、净利润和净资产收益率三项指标的加权平均数，评估中国制造业上市公司的价值创造能力。使用营业收入、净利润和净资产收益率等指标，可以从资本的角度，从规模和效率两个层次，评估上市公司的价值创造能力。但是，除了资本价值，公司的价值还包括产业贡献、创新创造和公益捐赠等。因为每家企业都处在某个产业之中，都属于某个产业链的一环，所以企业除了创造资本价值，还创造产业价值。产业价值不仅包含专利技术等软实力，还包含产业规模等硬实力。企业所创造的产业价值是企业价值创造的重要部分。同时，企业是创新创造的重要力量。大量的技术、专利和工艺都来自于企业长期的积累和研究。大量技术工艺的实践应用也都需要企业的验证，并实现再次创新，甚至多次创新。企业的创新创造是国家科技创新的重要力量。企业的创新价值也是衡量企业价值创造的重要部分。另外，企业具有天然的社会属性，为社会解决就业、贡献税收、公益捐助、为公众股东创造价值等。因此，企业还创造社会价值。社会价值充分体现了企业的一种社会责任。

综上所述，我们认为，一家制造业上市公司创造的价值主要包括四方面：资本价值、产业价值、创新价值和社会价值。要完整地评价一家企业所创造的价值，需要从上述四方面来评价。一般的评价体系中仅包含资本价值，而忽略了产业价值和社会价值的重要作用。这样的企业价值评价是不尽完整的，也是不完全公允的。因此，我们采用了资本价值、产业价值、创新价值和社会价值，希望更加全面而平衡地评价公司价值创造能力。关于这个报告的具体内容，可以参见《中国制造业上市公司价值创造年度研究报告－2018》。

相对来讲，这样的综合模型不仅侧重于企业的"大"，更侧重于"强"，而且是"内强"。至于非上市的制造业企业，其价值创造能力也可以参考这一模型评价企业，因为它们也是社会组织的一部分，只是数据采集和分析的过程更复杂，主观性也会更强一些。

三、价值链重构：为创造真正的价值而变革

面对重新定义的价值，如果用传统的商业模式或经营方式，一定是南辕北辙的行为。我觉得，我们的制造业企业应该很好地挖掘自身的优势，扬长避短，进行价值链的重构，从而实现企业转型升级的目标。针对制造业的转型困境和升级难题，国务院及相关部委

下 篇
重塑战略

在《中国制造2025》总方案的指导下,相继提出了"互联网+""产业互联网""智能制造""强基工程"等总体指导方向,但在现实的制造业中究竟如何完成转型和升级,一直是个令人头疼的难题。根据这几年的观察和案例研究,我的结论是:颠覆性创新、破坏性创新等都不一定能实现,但重构是必然的!就是产业价值链和企业价值链的重构!请注意,这并不意味着对传统价值链的颠覆,只是重构。

几年前,随着颠覆性创新概念的流行,传统产业价值链似乎将被抛弃,其实,你如果真的是在制造业领域,就知道智能制造业的魁首GE、西门子,也依然在互联网时代牢牢控制了传统产业价值链的高端:品牌、技术,而真正的制造环节还是交给全世界最适合制造的地方,不一定是在中国,可是由于智能制造技术的成熟和广泛运用,制造环节确实也更加高端和智能化了,但这个智能制造环节也依然在制造价值链的"贫富分化"。智能制造的低端材料和其中辅助部分不太赚钱的零部件仍然处于价值链的底层,而靠核心和高端技术而形成的总装、高端智能技术,依然是今天高端制造领域的霸主。只是由于工业互联网的介入、物联网技术的发达,这个传统的产业价值链划分得更加精细并重组了其中的价值链环节,如生产、物流、销售等。

显然,这不是颠覆,而是重构!

几年前,一位电缆制造领域的朋友问一位互联网专家:"我们从事的是非常传统的生产制造行业，电缆这个行业的客户也是非常集中的，都是工业用户，我们可以借助于互联网技术加强我们与顾客的联系，这应该是'+互联网'，而不应该是'互联网+'吧？"我的观点是：无论是电缆行业还是其上下端的工业企业，"互联网+"首先体现为一种思维，就是用互联网思维看待自己所处的行业和企业。如果按照这样的思维看待电缆行业的企业，其实有很多工作可做。就我所知，大批的电缆制造企业处于价值链的最底端，靠有限的客户和低得可怜的利润在那里挣扎。如果从互联网思维的角度看，这些企业的领导者要思考的第一个问题是，究竟谁是你的客户，谁是你的用户？第二个问题是，你究竟如何解决客户以及用户最关心的痛点？是按照大家都采用的方式去解决，还是有着自己独特的方式？记得在 2006 年，我们为电缆领域一家大型上市公司做战略咨询的时候，就是用这样的问题"征服"了公司高层，这家公司也从一个总强调是中国最大最好的电缆厂家转型到为用户提供完整解决方案的电缆厂家，并将百亿元目标的实现提前了整整 3 年。

其实，很多传统企业认为"互联网+"难且不太适用的原因不在于是"互联网+"还是"+互联网"，而是源自内在的动力不足或者是内部管理的问题，也就是企业家本人的认知障碍！我不相信传统行业中所有的价值链都会被颠覆，但我相信，在"互联网+"的背景下，如果不重构你所处的产业价值链且不能重构企业内部的价值链，就真的可能没有出路！

下 篇
重塑战略

当前,智能制造已经成为制造业价值链重构的重要路径,之所以受人关注,因为它确实能够强化价值链中的话语权,从而创造巨大的价值,如德国的西门子和宝马、美国的 GE,还有中国的富士康、华为、海尔、小米等。

这种价值创造主要体现在四个方面:

1) 产品价值主要体现在产品的体验感越来越强。如果没有智能制造的技术和创意,今天的很多产品体验感就会相对比较弱。传统产品的手感或是触感,已很难与当下的 VR/AR[一] 相比,即使是传统的汽车行业、手机行业、家电行业,也因为智能制造的介入而变得更加"性感"和"可爱"。

2) 过程价值主要体现为生产过程效率的提升、成本的降低以及整个供应链和销售链的快捷和方便,形成了一个新的产业链。这种过程价值,无论是国内的海尔、华为、方太或者是美国的 GE,还是德国的宝马、西门子,以及日本的丰田等,都能看得到这种智能工厂带来的强大震撼和效率。除了智能工厂这个环节之外,还有智能化的物流,在物联网、大数据、云计算技术的支撑下,这种现代物流也远远超出了人们的想象。

[一] VR/AR:VR,virtual reality,虚拟现实。AR,augmented reality,增强现实。

3)产业价值主要体现为,因智能制造而导致的整个产业结构的调整以及给传统产业带来的前所未有的冲击。企业转型的背景首先是来源于产业的转型和升级。现代服务业在很大程度上也是基于现代制造业的,也就是说,第二产业和第三产业之间的界限将越来越模糊。服务即生产,生产即服务,这种新的经济形态也正在形成。同时,也出现了新的商业环境。

4)资本价值,即投资于智能制造获得的盈利。无论是欧美还是中国,很多投资于智能制造产业和项目的投资机构都赚了大钱,无论是 VC 还是 PE[1]。

智能制造在体现价值的时候,从宏观上体现为传统价值链上的巨大变化,甚至有些学者提出,在这种新的形势下,价值链理论已经终结,甚至说这种价值理论已经过时了,提出了很多替代性的名词,如价值结构。其实,仔细地去了解我们的工厂或者是研究这个价值产生的过程,我们就会发现那种所谓的终结其实就是传统的价值链遇到的挑战。也就是说,当我们看到它价值产生的过程时,其实它还是一种链式的,只不过可能不像我们以前看到的是一种单一链式的,有环形的链条、五角星式的链条、云团式的链条,也就是多元链条,我们称之为生态型价值链。因为它表现出来的特点是更

---

[1] VC/PE:VC,venture capital,风险投资。PE,private equity,私募股权投资。

下 篇
重塑战略

开放,而不仅仅是上下游的互补,是一个互生的过程,所以,它应该是一种新的价值链。这种新的价值链的核心就是大家所看到的知识产权。新的价值链其实更加突出了知识产权的重要性。

我在《价值链重构》一书中谈道:这种新的产业价值链的出现,仔细看来跟传统价值链的差别并不大,但是却有本质性的区别。在传统价值链的形态下,一般而言,制造这个环节都是技术含量以及利润最低的。在新的价值链形态中,制造环节的利润其实与其他环节相比,不一定是最低的,甚至可能是最高的。在新的价值链形态下,哪一条价值链运作不好或利润偏低,本质上是知识产权的能量不够或智能化的程度不高,或者投入不足,任何一个环节都可能是价值最低的,即价值洼地。新的价值链打破了原来有些环节总是很低的这种所谓的微笑曲线,产生新的多条曲线,动态性会更强。

可见,中国智能制造的春天是到来了,耳熟能详的一句话是,第四次工业革命到来了,而且这一次工业革命到目前为止是中国能够与世界发达国家唯一同步发展的一次,其他三次革命,我国都处在落后的外围。这次我们有机会可以和世界的产业革命进行同步,这也是《中国制造2025》的一个前提背景。不过,令人担忧的是,智能制造带来的是"泥沙俱下"。无论是高层还是基层都在关注。但是,以一个从事管理咨询多年的"老兵"的经验来看,我最担心的是出现"劣币逐良币"的现象,就是指辛辛苦苦真正搞智能制造的人,有可能玩不过用智能制造概念赚钱的人,他们依靠智能制造这个概念获得的钱远远多于真正做智能制造的人。结果将造成，没有多少人愿意真正投入财力、人力做智能制造，而是靠概念赚钱后离场，留下一个支离破碎的工厂。

为什么要关注上市公司的价值创造呢？因为在制造业中，两三千家上市公司是整个制造业中最好的公司，无论是融资能力还是发展势头，都要比非上市制造业公司发展得更好一点，其研发投入和制造产品过程我们可以看得更明白一些。当然，以国际化的标准去看价值创造，首先可能从经济增加值的角度去看，也就是说我们每一元钱的投资回报率，即我投入一元钱你到底给我多少钱的回报。就好比我投入一个行业一元钱给我的回报是两角钱，投入另外一个行业一元钱给我的回报是三角钱，那么我自然就会投回报多的行业，这就是通俗的增加值了。上市公司存在一个问题，就是说它的经济增加值很高，投入一元钱的回报是很高的，仔细研究一下，这种经济增加值的回报并不是来自这个制造业公司的核心业务，它可能去做了投资，甚至做了理财，导致它的回报很大。这样的话经济增加值有了，但是这个公司的核心价值就没有了。那么我们的模型所关注的是核心增加值，核心增加值就是每一元钱投入企业后，其中到底有多少投到了主业和关键技术上。我们希望更多的制造业上市公司能够做出榜样，将更多的资金投到核心价值上，即投到关键技术和主业上。我认为，投资机构的利益快速兑现本身也没有过错，关键是在于其关注了什么，我也见过一些产业投资基金，其实还是很花工夫研究产业的，甚至花了大量的精力来研究行业和企业，但是

下 篇
重塑战略

也有不少的投资机构根本不关注产业或企业,首先是看承诺尽快回报。有人说,"这不是机构的问题,这是资本的逐利性"。我其实是赞同资本的逐利性的,是投资还是投机,两者的界限一般还是能够分清的,关键是政府官员和实业老板也乐在其中,这不仅仅体现了资本的逐利,也体现了一些人的短视和不良。

真正的价值链的前提应是创造价值。首先是为用户、为客户进而为社会创造价值;其次是为股东和员工创造价值。有些人,首先想到的不是用户或客户,是大楼,是自己的生活。这不是伪价值链吗?这样的价值创造出发点就有问题,因此也很难在价值链上获得持续收益。供给侧改革本质上就是消除因太多的伪价值链而产生的供给泡沫。

因此,应该将价值创造提升到"中国价值"的战略高度,中国制造是否能够成为制造强国的基石主要取决于中国制造业的价值取向和价值创造理念。

第八章 重新定义制造：
新制造融合互联网培育新物种

2016年10月，马云提出了"新零售、新金融、新制造、新技术、新能源"的五新战略，其中重点提到了"新制造"，希望运用产业互联网技术将制造业与新零售模式进行融合，形成一个制造业或零售业的新物种。可想而知，这一提法遭到制造业巨头的一片反对之声。不过，马云这个人历来对讽刺挖苦都能保持良好的心态，而且往往真去实践。如果我们看到大批淘宝村的存在和产生的产值，以及京东投资苏州工品汇这样的工业品线上零售平台，互联网领军者小米科技的产值短短4年直追格力的近2000亿元，你就会知道，马云真不是说着玩的。互联网"入侵"制造业，与制造业已经混合在一起。制造业变天了，已经不再是原来的模样，商业零售与制造业之间的界限在消弭、制造业与服务业之间的边界在消失，新的制造业格局在诞生。如今的制造业大佬，既有来自传统制造业的巨头，如华为、富士康、比亚迪、海康威视等；也有作为互联网代表闯进来的小米、阿里巴巴、百度和京东；还

下 篇
重塑战略

有一批靠硬科技成长起来的独角兽,如商汤、旷世等;还有绝对不能忽视的新来者,如以特斯拉为代表的一批具有强劲实力的外资新制造业巨头。

到了重新定义制造业的时候了。

一、制造的新要素:中国产业优势创造新物种

中国制造面临着两个直接的挑战:一个是看得见且来势汹汹的,来自越南等东南亚国家以及中南美地区国家的新成本优势国家的制造业外迁挑战;另一个是看不见但影响深远的,新制造模式、新制造要素与新制造技术的形成。而反观国内,尽管传统的因人工、土地、材料等成本优势而形成的竞争力正在消失,但是我们也确实有其他国家(无论是发达的欧美国家,还是发展中的越南、墨西哥等国家)都很难以具备的独特优势。

首先是大批熟练工人和技术工人。尽管我们的职业技术院校与德国、美国、日本相比有所欠缺,但是由于改革开放40年来的培训与积累,中国仍然拥有全世界数量最多的熟练且勤奋的产业工人。

其次是多层次、多类型的完整产业链,无论是高端装备如大飞机、高速列车还是衬衣等日常用品,无论是世界上最大批量的手机及其配件,还是只有寥寥几件且成本低廉的小资服饰,都能在

客户指定的时间交货。除了中国恐怕没有第二个国家能够拥有这样的制造业产业链和生态圈。

再次，以新一代网络技术为基础形成的电商物流及支付系统，和以硬科技为基础形成的产业链基础，以及高速列车及高速公路形成的纵横网络越来越强大，构建了新时代制造业的成本新优势。

最后，就是拥有全球人数最多具有消费能力的庞大市场，即使按现有的市场消费规模也仅仅排在美国之后。这是中国制造的新优势，也可以算是新时代的新红利。

面对严峻的挑战，拥有新的产业优势，中国制造一定要认真对待新的制造要素，其中一个在价值链的前端，一个在价值链的后端，两个在价值链的中间。

1. 运用全球人才的开放式设计

如前文所述，工业设计已经成为现代工业产品的灵魂。可以说，设计水平决定着一件产品的生命和影响力。今天，一个高科技含量的产品几乎在所有环节均需要先进的设计，在量产前也需要经历一个环节，即调整产品设计以适应生产线的需求。在可预见的将来，这个过程依然必须由人来完成，机器还做不到。因此，以色列先进的设计水平与工程师的数量呈正比，而富士康最有价值的人力资源不是上百万的流水线工作人员，而是数千名踏踏实

下 篇
重塑战略

实做产品设计和优化的工程师。但是，在分工细腻、技术变化日新月异的今天，一家企业再大，如富士康和华为，都无法或没有必要拥有大量各个环节的设计力量，为了提升效率，这些企业必须在全球范围建立生态圈，随时随地与各类设计机构进行合作，形成设计生态圈。因此，现在，美国、德国、意大利、以色列、印度、日本、韩国等国以及中国的北京、上海、杭州、深圳、苏州、广州、东莞等地出现了一种小批量生产或试生产的网络化平台及设计创客，其可以实现设计和生产的开放式对接。猪八戒网、涂鸦智能有这样的功能，我在北京、苏州也考察了几家这样的平台，苏州的一家平台专门搞了几台高档数控机床供各类客户使用，创始人说他们的客户都是日本以及国内的一些大型企业，也有一些中等规模的民营企业。还有的创客设计平台将所有零部件参数化之后放到网上，人们可以在网站设计产品，进行虚拟调试，在网站下单后，就会有代工厂帮忙生产。这种网络平台一旦有强大的资本作为后盾，非常有可能取代或"打散"富士康，将代工厂化整为零，帮助制造企业完成剩下的设计调整和制造任务。

2. 多层次、多种类的工业机器人集群

毋庸置疑，工业机器人将成为当下以及未来制造业的主要劳动力，因此其更新换代的速度也比较快。尽管一些实力雄厚的企业所使用的机器人生产线可以变换产品类型，但传统的工业机器人生产线部署时间长，从生产线设计、调试到正式使用，需要投入

大量的人力和物力。而且，生产线一旦落成，就只能制造特定的产品，可能总体成本并不低，只是因为缺少工人干活或者为了应景才用机器人替代人。不过，现在出现了一种可编程的协作机器人，比传统的工业机器人更具弹性，可以集成到一起，相当于一个小型代工厂，可以适应每一个创新产品的需求。

协作机器人的发明者是成立于 2008 年、位于波士顿的美国创业公司 Rethink Robotics。这家企业因为产品昂贵，又赶上美国制造外迁的时代，于 2018 年 10 月宣布破产。坦率地说，这家企业的破产与我国的产业新优势有点关系。在科技产品的小批量化时代，它的产品价格昂贵，很难找到客户，因为大多数客户，包括美国的很多客户，宁可跑到中国的深圳或东莞找代工厂。于是，Rethink Robotics 只好与进行大批量生产的工业机器人竞争，它怎么会有优势？只能破产。不过，到了 2019 年，情况发生了变化，德国制造业巨头 HAHN 集团宣布收购 Rethink Robotics 大部分的产品和知识产权，计划翻新已有的机器人产品并在此基础之上进行新产品的研发，试图带着 Rethink Robotics 原有的灵魂，以新的产品形态，打破商业化困境，并开发改进版的机器人"Sawyer cobot"。在翻新原有 Sawyer 的同时，也会同时开发新版的机器人，新款的机器人将会降低噪音、提高速度，同时在精度上也会有更好的表现。

Rethink Robotics 的后续变化值得中国制造业关注，因为这种灵活协作的机器人集群取代"粗大笨"的机器人是未来制造的趋势。未来,大规模生产的工业机器人的智能化水平越来越高,弹性机器人的需求会越来越多,协作机器人也会不断进行升级换代。这个产业一旦成熟,就可能是新一代制造业的开端。

3.3D 打印及新材料

3D 打印技术并不新鲜,优势在于能够快速实现复杂性小规模样品的研发,极大降低制造的难度;劣势在于,打印时间长,原材料种类少,大规模应用还需要一段时间。但是,高精度金属的工业级批量 3D 打印技术日趋成熟,已经应用在汽车和航空的零部件领域。随着 3D 技术的发展,其价格会逐渐降低,打印速度也会加快,应用范围自然也会扩大,如果一个产品的 1000 个零部件的绝大部分都能够用 3D 打印制作出来,供应链迅速缩短,需要的人会更少,这无疑会对传统的设计与制造流程形成直接的挑战,那种大规模的零部件工厂可能会遇到灭顶之灾。这对已经面临严峻形势的零部件企业可不是个好消息,而且对中国传统的制造业产业链也是一个直接的冲击,好在不少聪明的创业者以及大批制造业从业者也已经意识到了这一点,正在以 20 世纪 80 年代"人民战争"创业的方式重新构建一个新的制造业产业链,尽管绝大多数仍只是小规模的、低端的、样品级的,但这是新制造要素的萌芽。

4. 制造业与零售及服务的融合新物种

马云从电子商务的角度提出"新制造"也并非心血来潮，因为阿里巴巴的淘宝和天猫作为最大的电子商务平台，其商业的效能要完全依靠强大的制造能力，尤其是制造过程、物流过程、供应链过程、电子商务销售过程的整体效能，也就是所谓的制造业＋服务业的整体融合。阿里巴巴的"让天下没有难做的生意"，也主要是让天下的制造业，尤其是中小微及个体制造业不再为了销售而痛苦，不再害怕龙头老大的挤轧。因此，制造业＋新零售的模式已经作为新物种登堂入室了。

最为引人注目的就是全球电子商务的巨头亚马逊在中国互联网界都一股脑地推"互联网＋"的时候，推出了"制造＋"项目，亚马逊充分利用其品牌及全球开店、全球物流以及专属资源的优势，对具有产业优势的中国制造资源进行整合，将大批中小微制造业的产品变成"全球品牌"，这可能对阿里巴巴、京东都不是什么好消息，这些中国市场上的"土豪"们遇到了真正的对手。不过，亚马逊不仅仅局限于做中国制造的全球销售渠道，现在已经开始了一个更具有革命性的大动作，那就是从头开始对在平台上出售的产品本身进行定制，即既可以自己制造定制商品，还可以促进商品设计，改变生产方式。比如，亚马逊近年来一直希望在时尚品类有所建树，不仅积极打造自有时尚品牌（8个自有服装品

下 篇
重塑战略

牌),还投身于各种时尚活动,支持原创面料和时装周。据报道,亚马逊申请了一个只有当顾客下单才会按需生产服装的"按需生产服装系统"(on demand apparel manufacturing)专利,让整个服装生产和销售的流程更加高效。2018年9月,亚马逊还被批准授予了一项名为"按需定制产品装置"(apparatus for on-demand customization of products)的专利,涵盖范围包括汽车零件、玩具、消费电子产品、服装,以及"任何现实世界的物理产品"。亚马逊表示,这些产品完全可以通过3D打印或其他方法制造。不过,亚马逊的野心还不止于此,如何收集制造商和消费者的个性化产品需求才是他们的兴趣所在。2018年8月授予亚马逊的一项专利描述了"制造商如何为产品提供个性化选择菜单",并详细描述了对应的购物网页元素。这一购物网页类似亚马逊产品页面,只不过人们可以在这里选择自己的个性化产品。尽管分析师认为,"真正的挑战是你如何在定制产品的基础上实现规模经济"。不过,这个过程似乎是势不可挡的,如果持续下去,像ZARA这样的快速制造时尚品牌都可能消失。

当然,作为制造业大国,国内制造业与零售商的融合也在风起云涌。2018年,知名的国内工业品供应链电商平台工品汇迎来了第五轮融资2亿元,这次融资不再仅仅是PE和VC投资机构,领投的正是电商大鳄京东。不好说是亚马逊刺激了京东还是马云"唤醒"了京东。尽管工品汇目前涉及的主要是MRO(即maintenance维护、repair维修、operation运行),但是说明国内的电商平台"进入"制造业也成为一个必然的趋势。这一点，制造业内的很多领军企业也早已明白，且已经动手跨入零售领域，就我个人调查或参与过的如杭萧钢构的"万郡绿建"绿色建材电商交易平台、鲍斯股份的"鲍斯工品"等，也都是这场新制造运动的创新举措。

二、制造的新模式：深化智能制造，构建产业新优势

作为中国制造转型升级的"主干线"，智能制造已经列入《中国制造2025》的关键领域，工信部也确定了一批批的试点或扶持单位。据《中国装备制造业发展报告（2018）》提供的数据，到2017年，试点示范及项目累计达到638个。何谓智能制造？2016年，我在华盛顿参加第三届"中美智能制造业峰会"的时候，美国智能制造领导力联盟的专家将"智能制造"定义为"先进智能系统强化应用、新产品制造快速、产品需求动态响应，以及工业生产和供应链网络实施优化的制造"。尽管这个定义显得宽泛，但却是从结果导向定义的一种理解。我国的《智能制造发展规划（2016-2020）》将智能制造定义为"基于新一代信息通信技术与先进制造技术深度融合，贯穿于设计、生产、管理、服务等制造活动的各个环节，具有自感知、自学习、自决策、自执行、自适应等功能的新型生产方式"。

从总体上看，我国的智能制造实践还是取得了不少的成果，不

下 篇
重塑战略

过,与我国的智能制造定义相比,与欧美发达国家的标杆相比,还是有不小的差距,智能化程度还比较低。这既与我国制造业中的数字化程度低有关,也与推行过程中缺少成熟的模式与经验有关,甚至出现了被视为智能制造标杆的国内某民营企业竟然因为智能化程度太高导致成本高企、目标市场狭小而几乎破产的奇葩。智能制造的前提是数字化、网络化,尽管我国制造业的"两化融合"推行了多年,信息化程度明显提高,但是数字化、网络化的深度仍然不够,特别是一些民营企业和中小企业,而它们恰恰是中国制造的最主要群体。

根据原机械工业部副部长沈烈初的观察,"目前所说的'智能制造',大都是制造业生产过程的数字化、网络化与智能化,特别是没有涉及主机产品的数字化、网络化和智能化控制",切中了智能制造实践的痛点,因为我国的很多制造业还缺乏大量的数据与数据库,而且即使是生产过程的数字化,也需要大量的基础工作,首先应在企业实行科学化的管理,一个连规范管理还做得不到位的企业谈智能制造会让人觉得可笑。

在此,借用沈老在2018年12月写的《参观西门子自动化产品(成都)有限公司(SEWC)引发的思考》一文,来看看工业4.0领先者西门子是如何实现智能制造的。据沈老介绍,这家工厂在业内的名气很大,是目前德国在世界上自动化程度最高、更加接近"工业4.0"标准的企业,目前全球仅两家:一家在德国的安贝格，一家就在中国的成都。成都工厂的物流、工艺流程及信息流程等大部分是安贝格的翻版，但又有自己的鲜明特点。他介绍说：SEWC 工厂产品有 800 多种，每天生产超过 3.4 万件，供应链涉及 5600 种原材料，每天要用 1000 万个元器件，与安贝格工厂共同为全球的西门子客户供货，成为西门子生产物流系统的两个中心之一。这样复杂的供应链及生产过程很难采用人工调度的办法来实现，而是采用西门子的生产自动化、物料流自动化与信息流自动化的有机结合。SEWC 数字化工厂除了由国际知名信息化咨询公司提供 ERP 系统[一]，自己还开发了制造执行系统和控制系统、工作中心以及大量的微小系统。这就是我们国内常说的自主研发为主、外部支持为辅，既提升了自己的智能研发能力，也强化了自身的核心能力，可谓"两化融合"的典范。我们在学习西门子智能制造技术和工艺的同时，是不是也应该学习学习他们的制造理念呢？

三、制造的新出路：产业互联网热的冷思考

无论是从国家有关部门的角度，还是科技学术界的角度，产业互联网都已经被定义为赋能中国制造发展的重要推手，也被视为推动智能制造发展的重要力量。互联网界的大佬更是直接向制造

[一] ERP 系统是企业资源计划（enterprise resource planning）的简称，是指建立在信息技术基础上，集信息技术与先进管理思想于一身，以系统化的管理思想，为企业员工及决策层提供决策手段的管理平台。

下 篇
重塑战略

业巨头挑战,用"互联网+"的手段纷纷进入制造业领域。

不过,通过一线调查和研究相关数据,我发现,制造业领域则是雷声大雨点小的感觉,即使如海尔、华为、三一这样的制造业龙头企业的产业互联网实践也只是增加了物联网、大数据、云计算的功能,用他们自己的说法,是"+互联网"。除此之外,我调查过的其他制造业领军企业也都进行了互联网以及物联网的尝试,但是效果并没有想象的那么好,最为成功的部分集中在生产领域,尤其是智能化工厂或智慧车间的建设。尽管海尔等头部企业的COSMO平台实现了生产—销售—物流的一体化,但是绝大部分企业的营销系统、客户管理系统、交付与结算系统以及供应链系统,都似乎仍然不能令人满意,尚不能创造理想中的价值。搞来搞去,还是集中到了中国制造传统的优势环节——生产环节。如果这样下去,产业互联网的效果必定会大打折扣,受到其他相关环节的制约,从而影响整体的价值创造能力和市场竞争力。

这一现象说明,产业互联网要真正成为中国制造的赋能者,还需要一段很长的路,而且也要转型升级。

1. 导向

由产业互联网的政府热、专家热转化为制造业企业家的自觉热行为。产业互联网的概念已经深入人心,制造业内自然也当仁不让。但是当制造业内和制造业外的这两批人碰在一起交流产业互联网的时候，双方都发现，对方谈的跟自己谈的不是一个事物，甚至有"鸡同鸭讲"的感觉，以至于制造业内有一部分已经在产业互联网领域实践很深的企业家都不认为自己实践的就是大家说的产业互联网。这是依靠互联网技术正在实现制造业的转型升级，降本增效，尤其是大批中小企业仍然说"不懂"。这可是占据了90%数量的中国制造业呀！产业互联网赋能的可不仅仅是少数的几家超大型制造业。这一情况说明，产业互联网的实践在互联网技术界和制造业界并未达成实质性的共识，产业互联网要真正成为制造业赋能力量，第一个突破点就是将政府的热度、专家的热度转化为制造业企业家，尤其是大批中小制造业主的热度，否则，即使少数几家超大型企业在某个环节或在某种程度上实现了互联网化，但整体的价值链依然是传统的，仍然不能构成产业互联网，最多是车间互联网、物流互联网而已。在这一点上，日本的做法值得研究，政府主导、几家大企业出面、700多家各类企业参加，成立工业价值链促进会，推动大中小制造业企业之间的互联化。

2. 思维

由"互联网+"和"+互联网"的加法思维转化为制造业互联网化的融合思维。关于产业互联网，互联网界首先推出了"互联网+"概念，制造业界内不认同，相继推出"+互联网"的概念。在我看来，这不仅仅是一个文字游戏，其实反映了两类群体的认识。尽管在今天人们不再争议是谁+谁的问题了，但是从实

下 篇
重塑战略

践中还是加法思维，互联网界不断提出各类用于产业互联网实践的软件、硬件和各类所谓解决方案，在实践中就是向制造业推销各类产业互联网模块，而制造业企业也顺着这类思维一个方案一个方案地"加"，结果可能双方都不满意。这些方案看起来高大上，但是并不能为制造业解决实际问题，创造应有的价值：降本增效，提升整体的企业效能，甚至出现了互联网程度很高的企业，获得了国家有关部委的认同和补贴嘉奖，但是企业自身持续亏损，几乎到了破产边缘的情况。那这样的产业互联网有什么价值呢？因此，产业互联网供应商和制造业企业家都应摒弃加法思维，建立融合思维，就是使得产业互联网技术与设施及解决方案融入现有的企业，成为企业不可或缺的价值创造环节。这绝不是在企业建立一个信息技术中心来应对，更不是找一帮互联网技术专家就能搞定的事，否则，极容易出现信息化推行早期的"孤岛"现象，形成产业互联网时代的新"孤岛"。这种融合思维就是将产业互联网技术及相关方案视为企业经营的一个重要环节和要素，一个更高效创造价值的工具或方法，从企业的目标及价值创造出发，抛弃技术至上观念，根据企业的实际将产业互联网技术融入企业内部的价值链中，重构现有的价值链。未来的产业互联网技术与设备就像现有的电气设备一样，仅仅是一种"能源"、一种"环节"、一种"要素"，而不再是一种高高在上的高新技术。

3. 模式

由软件和硬件+解决方案的积木模式升级价值链要素重构的生态模式。思维改变了，行为才能改变。融合思维带来的是生态化时代的到来，也就是说，运用产业互联网赋能制造业，带来的绝对不仅仅是企业内部的技术升级和信息化程度升级，更不仅仅是生产过程的智能化，以及经营要素的智慧化，而是企业内外价值链的全部重构，就像美国、日本目前的做法一样。那种增加或减少系统模块的搭积木模式可能在短期内企业容易接受，但是很难满足企业转型升级的要求，更难以创造整个价值链的效能，因此，产业互联网的实践需要由积木模式升级为生态模式。生态模式就是产业互联网的实践项目团队不仅有互联网技术专家、软件系统专家、硬件专家、技术解决方案专家，更应该有制造业价值链专家、管理过程专家以及行为专家，形成一种价值创造的生态组织，产业互联网的赋能过程应该由产业互联网技术专家主导转变为价值创造行为专家主导。只有这样，产业互联网才能真正成为制造业的赋能力量和价值创造的推动力。

产业互联网现在似乎已经成为一种新的"风口"，势头正盛，但是要真正成为新制造时代的价值创造者和赋能者，其自身也需要转型和升级。中国的特点是中国制造业企业数量全球第一、产值已经全球第一，大小参差不齐，需求旺盛，场景多，差异性极

下 篇
重塑战略

大、多元化强。我们希望,产业互联网界和制造业界能够快速形成深度互融的新局面;我们也希望,产业互联网的赋能实践之旅是一种新物种、新生态的构建过程。用我们国装智库的产业互联网专家 Kevin 的话说,工业互联网姓"工"不姓"互"。在他看来,制造业企业如果希望用产业互联网实现赋能转型,首先要重视数字资产管理的基础工作,其次要进行制造资产的云改造,实现制造能力的共享和智能化创新。基于 5G 的新技术将进一步催生工业互联网新产品、新模式和新业态,将显著降低企业运营成本、提高生产效能、优化制造资源配置,提升产品制造高端化,从而打造制造企业的新优势。

第九章 重新定义系统：
关键环节补课与体系路径转型

无论是从制造业业内专家的角度看，还是从工业互联网专家的角度看，中国制造业向中国创造、中国价值过渡，实现智能制造的战略目标，仍然需要扎实的基础，转型升级的路径必须清晰，否则就会形成制造业内的鸿沟：最为先进的标杆与大批工业1.0～2.0水平的企业并存，最终制约整个中国制造的提升。中国制造是一个完整的生态系统，仅靠少数高水平的头部企业是不能达到目的的。

针对这种状况，国家工信部推进"智能制造"的排序是：工业2.0补课、工业3.0普及、工业4.0示范。对绝大多数制造业企业而言，必须经历工业2.0的补课，补什么呢？沈老的建议是"精益生产＋先进适用工艺""准时化管理＋科学化管理"。这确实是搞信息化绕不过去的坎，否则事倍功半。根据《中国智能制造绿皮书》提供的数据，90%的中小企业受制于智能化改造成本而

下 篇
重塑战略

抑制了改造需求，从示范企业的实践看，仅 16% 的企业进入智能制造应用阶段。由此可以看出，我国的绝大多数制造业企业基本功还不够扎实，这其中不仅包括中小企业，也同样包括龙头企业。中国制造业的升级与转型之路还充满着各式各样的困难。不过，这种补课不应该是一种亦步亦趋的补课，否则可能是基本功练扎实了，但世界已经把你甩远了，因为这个世界的发展速度太快。因此，我国的制造业只能"弯道超车"或者"在不停车的状态下进行维修和更换"。

我的一贯建议是重构价值链，这是传统制造业企业转型升级的关键枢纽和"入手式"。很多制造业大佬，如任正非，"语重心长"地说，制造业企业家不要着急于搞"颠覆式创新"，先看看目前所处行业的价值链中有没有那些被大佬忽视且你可以做得很好的环节，然后重构你的价值链。根据我们的观察和体会，重构价值链并不是一种完全从 0 到 1 的过程，也不一定是完全用新的价值链取代旧价值链的过程，而是有路线图可循，具体体现为以下四条路线。

一、通过研发核心技术与工艺掌控价值链高端

中国社会有句俗话"会叫的狗不咬人"，是说喜欢嚷嚷的人并不是最厉害的人，越是平时不说话的人，越是比较厉害的人物。商界更是如此，越是整天喊转型的企业，似乎动作越少，整天

"大嘴巴"的人，不见得是最赚钱的人，而那些没有整天喊转型的企业可能是最可怕的企业。在基础条件还比较弱的时候，华为创始人任正非认准了一条：华为所处的电信设备行业是信息产业中的基础设施领域，企业生存并做大的关键是掌握核心技术并占据产业价值链的制高点，否则早晚会成为IBM、思科、朗讯、爱立信等这些世界巨头的代工厂或陪衬。

基于这种淳朴的战略理念，任正非直接把华为定义为一家拥有核心技术的信息产业领域领先者。不管曾经的具体定位是怎样的，也不管别人是怎么看待这个"不切实际"的定位的，从华为当初大批强行延揽国内各类信息技术人才，多次赴IBM考察并花费重金聘用IBM人员做研发流程再造咨询，把IBM既当成合作伙伴又当成老师顾问，我们就能读出任正非"韬光养晦"打算成为"中国IBM"的"野心"。正是华为的偏执，电信设备行业版图重新进行了划分，中国，然后是世界，华为自己也逐渐掌控了产业价值链的高端。当我们手持华为M系列手机的时候，也应该清楚，华为布局手机也不仅仅是为了分得手机市场利润的一杯羹，而是因为手机客观上已经成为移动互联网时代的首选终端和入口。可以说，谁掌握了手机，谁就掌握了数据的入口，就掌握了移动互联网时代一切信息技术的平台，犹如工业化时代的汽车。手机领域的发力证明，华为开始新的价值链重构长征了！如果失掉手机这个入口和平台，华为的技术将来一定会受制于人，刚刚形成的价值链优势可能几年内就会消失。

下 篇
重塑战略

二、补足短板推动价值链要素优化

掌控价值链的高端，恐怕是几乎所有企业大佬都希望做到的，但囿于时机、实力、心理等因素，不少企业老板望而却步或者想换条路径。不过，一些优秀的企业家仍然会在既定的产业价值链中杀出一条血路，其中，最典型者当然就是富士康了。

代工（original equipment manufacturer，OEM，即原厂委托制造），是制造业价值链中的最底端了，就是微笑曲线最凹的地方。富士康老板郭台铭凭借自己对代工环节的理解，以天下人少有的事功，不仅将富士康打造为代工之王，而且将 OEM 转型为 ODM（original design manufacturer，即原厂委托设计），并进一步成为通信设备制造环节中不可或缺的王者。其核心事功，就是通过技术能力优化了生产制造这个价值链环节，尽管富士康的核心技术和品牌不如苹果的强大，也没有生产出富士康品牌的手机和电脑，但是，任何一个手机品牌和电脑品牌，都以能够与富士康合作而自豪。

不少人觉得，富士康是血汗工厂的典型，加班时间长，工资低廉，工作环境恶劣，曾经发生过多起工人跳楼事件。但凡去过或研究过富士康的人很快就会改变这一想法：富士康工人的工资几乎是中国大陆同类工人中最高的，我亲眼所见，河南、四川等地富士康招工时，因"高薪招工"而引起了其他中小制造业企业的强烈抗议。要说工作环境，去过富士康厂区的人都会发现，这里是中国大陆制造业工人工作环境最好的企业之一。当然，确实存在工作节奏快、加班时间长的现象，但计件工资制度导致很多工人为了多挣钱而自愿加班。不过，还有人说，这不是没有办法吗？不加班，怎么挣钱呢？那就再比较一下中国大陆其他制造业企业，这一现象不就更容易理解了吗？

应该说，富士康之所以能成为代工之王，成为制造业价值链中的新王者，一方面确实运用了用工低廉的优势（2008年之前如此，而且是与美国、日本和中国台湾地区相比，现在这个优势已经没了，工厂里的机器人正在大规模取代人工）；另一方面，更重要的是，郭台铭深知，生产制造环节也需要强大的技术能力和管理能力作为支撑。前者是谁都可能做到的，后者则没有多少人愿意乃至根本做不到。而后者恰恰决定了企业在转型中的命运。

富士康成功的秘诀可以追溯到2002年郭台铭在公司内部的一场名为《竞争力是成长的基石》的演讲，从战略上提出了公司的发展方向：

第一，不做产品品牌，而是要成为拥有卓越制造产品品牌能力的低成本、高效能"3C产品制造公司"；第二，做以机械零组件为根、以电子组件为本、材料知识为基的"CMM^㊀机电整合制造公

㊀ CMM，是英文component module move的缩写，是郭台铭自己发明的一个词组，组件—模块—移动，即以零组件为核心的快速模块化。

下　篇
重塑战略

司";第三,三三制目标,即每年销售收入增长30%、利润增长30%、速度加快30%。总体目标是成为"科技应用在传统制造能力的科技制造公司"。

由此可以看出,郭台铭用技术创新和流程创新优化价值链中的制造环节,并因此控制了制造环节的关键技术和运作能力。

当很多制造企业遇到瓶颈难以突破的时候,纷纷转向而不是转型,转向了暴利的房地产,而以制造业著称的温州更是有大批企业转向炒房、炒煤、炒股,但是,郭台铭抵制了源源不断的房地产投资诱惑,全力以赴于制造环节的优化和强大。当有人问这位靠生产制造成功的台湾首富为什么不投资房地产的时候,他竟坦然一笑:"我这人,命苦嘛,天生是赚慢钱的!"

坚持换来了王位!从20世纪90年代中期到2019年,富士康一直是华人企业中全球专利技术的老大,到2016年,在美国申请专利技术的企业中,富士康排入全球前五位,在美国申请专利的华人企业中,富士康位列第一。2018年,富士康将微软告上了美国法庭,开启了以专利作为武器攻击强大对手的新征程。

这究竟意味着什么呢?2013年,搜索巨头谷歌向富士康购买了一件与可穿戴设备显示有关的专利,之后又相继购买了大批其他相关专利技术。这件事震惊了全球:老牌专利帝国美国的科技老大开始向一家亚洲制造企业购买最为先进技术的专利了!英国

制造强国
重构产业与城市创新行动思考

《金融时报》评论道：

"一家美国科技公司从亚洲公司购买知识产权，这实属一桩罕见的交易。"当我们在2014年听到富士康大批量用机器人代替工人的消息时就不再那么震惊了，因为富士康拥有的与智能制造或者与物联网、产业互联网相关的专利技术已经成箩筐地放在自己的档案库中。其专利技术申请遍布亚洲、欧洲和北美。

当很多传统制造企业还在埋怨制造成本太高、慨叹"互联网+"无法挽救传统制造业的时候，经过20多年积累的富士康已经在纳米科技、热传技术、纳米级量测技术、无线网络技术、绿色环保科技、CAD/CAE⊖技术、光学镀膜技术等关键核心技术方面拥有了强大的优势，以至于在工业4.0及工业互联网时代的精密机械与模具、半导体、云计算、液晶显示等产业领域成为技术领先者。

靠急功近利性的行为是无法确立以上优势的。富士康的行为告诉我们：不是传统的制造企业不行了，是传统的经营思维不成了；也不是传统的价值链无法突破了，而是自己根本没有耐心和信念去突破。有人可能会说，富士康家大业大、财大气粗，研发投入巨大，没有可比性，那么一个初创的制造企业是否可以在生产制

⊖ CAD，即 computer aided design，计算机辅助设计。CAE，即 computer aided engineering，计算机辅助工程。

下 篇
重塑战略

造这个产业价值链的"底端"翩翩起舞并让底端变高点呢?

这事,让从富士康出来的且具有郭台铭思维的人做到了!加一联创联合创始人兼 CEO 谢冠宏曾经是富士康母公司鸿海集团的高管,2013 年创立了这家公司,本来就是生产一件小小的但却不能缺少的产品耳机,交给小米去卖。当看到东莞大批制造业企业停工停产的时候,谢冠宏决定与制造业伙伴一起缔造一种基于创新而非廉价劳动力的新制造系统。他利用在鸿海的制造经验和技术管理能力,并且找到了一批经验丰富、学术视野宽广的工程类研究团队,其中既有牛津大学的工程类研究生,又有清华大学的一批工程类技术人员,从设计、过程、物流等具体环节全面改造自己的生产合作伙伴。而我在苏州也看到一家装备制造业众创空间的新动向:一位从制造业外企辞职出来的小伙子购买和租用了几台数控机床,向制造业创客按照时间和项目出租这些设备,一批年轻的制造业创客把苏州很多大型制造企业不愿干、不好干的样品制造、产品测试等环节承揽下来,利用众创空间的机床做出来。

这个空间,恰恰就是一个单纯的生产环节的扩展和外包,而且不是以往的那种 OEM 型的外包,而是运用了移动互联网时代众包、平台的思维,将样品制造、测试等要求高、成本高、小批量、交活快的生产环节变成了自己的核心业务,因为这些环节在大型企业里往往是亏本的环节,而且熟手不爱做、生手做得不到位,而这个空间让专家做到位了。谁说众创空间只是白领的天下,蓝领同样可以成为众创空间的一员，关键看是否有对制造的信念。生产环节智能化了，其他环节呢？看来，这个多年来被认为最底端的凹环节正在凸起！不是我们的制造企业没机会，而是我们对制造业的思维须改变，尤其是中国制造2025规划的出台，更是提醒我们：不是制造环节没戏，而是一个制造环节的新时代到来了。

三、从关键环节入手，寻找价值链新要素

其实，在商界也往往有这样的现象。从事后看，一些环节的发现似乎平淡无奇，甚至好像没有什么价值，但是在这个环节出现前，大家仍然保持原来的状态。产业价值链也好，运营价值链也好，其中的环节也不是固定不变，随着时代变化和技术变化等，都可能会变化，而且这种变化往往导致新的产业革命或者行业革命。更为重要的是，这种变化往往是一些初创企业会发生的。也就是说，总有那么一些先知先觉的企业家能够在大家都认为"一切如是"的状态发现价值链中的新要素，从而成为新王者。海尔的COSMO、工品汇、杭萧钢构、鲍斯股份等进行的工业品新零售、制造业服务业的融合均属此类。

海尔的互联工厂智能化平台COSMOPlat通过用户与制造互联、用户与网器互联、用户与全流程互联的高精度"三联"，打造了定制生产的生态圈，用户全流程参与产品设计研发、生产制造、物流配送、迭代升级等环节，企业能根据用户需求提供商品生产定

下 篇
重塑战略

制。据说,这一平台已经连接了 3 亿用户,有超过 380 万家的生态资源,服务全球企业 3 万多家,成为全球领先的八大互联工厂。

当然,更加经典的应该是乔布斯发现了手机的终端平台性质。很多人认为,乔布斯用苹果打败更大手机厂家的秘诀是发现了时尚性,或者增加了网络。其实,人们都清楚,手机的时尚一直在更迭,当初的大哥大本身就是时尚,后来还有加宝石的、加摄像的、加图案的、加动漫的等,从来不缺时尚因素。至于网络,手机本身就是网络时代的产物,而且很早各大厂家都有了关于手机+网络的尝试。但是,这些自认为懂手机的业内人士,不管怎么加,他们都认为这是手机,通话和获取信息是其核心功能。

乔布斯的过人之处,不仅在于对审美艺术性的极致追求,更重要的是他认为,拿在手里的这个电子产品,不仅是通信的终端,而且是一个人生活和工作的移动平台型终端。这一认识把直线的通信装备变成了立体的生活、工作平台。

这是一个根本性的颠覆性认识。有人说,这有什么了不起的呀?确实,任何颠覆性的发现,从事后诸葛亮的角度看都没什么了不起。可是,直到 2014 年,还有一些 IT 界的大佬仍然没有意识到这一点,还在浪费心智去争论是移动互联还是 PC 互联的问题。就连诺基亚大部分手机业务都已经被微软收购了,诺基亚 CEO 的发言表明,他仍然还没有意识到,移动平台的出现是怎样的新的价值链要素。

四、苦练内功,强化既有价值链的硬度

制造业内不少企业,面对严峻挑战,几乎没有躲闪或颠覆的功夫,但通过苦练自身的内功,仍然有望成为价值链的王者。位于威海的天润曲轴股份有限公司建立于 1954 年,是典型的老国有企业,20 世纪 80 年代走上曲轴专业化生产道路,1996 年与美国美林公司合资(美林占 40%),利用合资政策,进口了一批高端制造装备及检测设备。2009 年公司在深交所挂牌上市。

天润曲轴脱胎于传统的国有企业,但是领导层极为重视技术与管理系统的迭代与创新,1994 年就开始着手信息化,并一步步走向成熟,其典型的成功经验就是"总体规划、分步实施,重点突破"。天润 1994 年就开始应用小型 MIS(management information system,管理信息系统),1997 年实施 CIMS(computer/contemporary integrated manufacturing system,计算机/现代集成系统)工程,并建设计算机网络,在"大数据"这个名字还没有出现的时候,实现了内部数据的计算机网络传输和完整存储,还陆续完成了二维 CAD、CAPP○、PDM○和 ERP,实现了价值链各个模块之间的集成并联,2000 年被当时的科技部定为 863/CIMS 应用示

○ CAPP,computer aided process planing,计算机辅助工艺过程设计。
○ PDM,product data management,产品数据管理。

下 篇
重塑战略

范企业。天润的转型升级过程基本上就是信息化的阶段性前进，如今，天润的信息化已到第六期，基本上3~5年一期，步步为赢，由点到线，由线到面。

有了扎实的数据和信息化基础，天润曲轴强化了智能制造流程的投入，在研发、生产、供应等领域允分利用机器人视觉技术、移动互联技术及物联网技术和RFID（radio frequency identification，射频识别）技术等，进行整个价值链的升级，形成了类似丰田TPS（Toyota production system，丰田精益生产系统）的TRPS（天润生产系统）、国内最为先进的物联网和大数据技术为基础的数字化车间，涵盖了市场、研发、供应链、设备全流程体系，以及安全环境、人力资源、财务和质量等支持流程。

更为重要的一点是，天润曲轴之所以能够通过信息化、数字化、智能化实现传统制造的转型，与领导者注重管理基本功有直接关系。天润曲轴的领导者始终将管理基本功视为生命，不断迭代其管理模式，将组织变革与信息化管理和成本管理结合在一起。

可以看出，只要有制造业企业认真研究自己所在行业的价值链，找到这条价值链中的薄弱环节和缺陷并持之以恒地加以强化，仍然可能成为霸主。现有价值链中的薄弱环节总是孕育着新的商机。无论谁最先发现了现有价值链的缺陷并迅速予以弥补或抢先控制了这个环节，不管是用互联网手段还是用了非互联网手段，都将成为新的王者。

如果一个人有足够的悟性和耐心，他也可能在业内突破重围，颠覆现有的产业价值链。当下，互联网和智能制造技术、新材料、新能源显然是帮助优秀者完成颠覆游戏的有力工具。重构价值链的路径是明确的，转型是必要的，升级是必然的，问题在于如何通过重构实现转型，这才是企业家急需考虑的问题。看到了道路，如果你的驾驶思维和驾驶技术是低劣的，你在驾驶时仍然可能会出现重大事故。

现在，这种转型也来自于其他两方面的要素：一个是主动要素，传统的经营模式与生产模式都已经无法适应人工智能与物联网趋势和全球化竞争的需要；一个是被动的要素，由于去库存、去产能、环保加强等国家政策的持续实施，一大批传统的企业，不仅仅是中小微企业，还有很多巨头也无法生存，甚至包括一批曾受政策恩惠较多的新能源、新材料领域的企业。从我接触的企业样本看，转型是否成功取决于多种要素，在很多企业领导者看来，取决于政府的支持、市场的转暖以及外部资金的支持。但是，就我看来，这种转型成功最为重要的要素是企业领导者及其团队的领导力，因为不管一个企业的战略多么清晰、团队的执行能力有多强，如果领导力出了严重问题，那么这个企业的战车、一批优秀的团队成员都将与此沉沦。很多优秀的大型企业沉沦或转型失败，不是因为团队不优秀或执行力不强，也不是因为企业缺乏相关技术和产品，而是领导力出了严重问题。

下 篇
重塑战略

在我看来，所谓领导力，就是率领团队完成目标的影响力，它有别于权力。转型中急需的领导力有以下五个要素：

1）对转型趋势的研判。这是转型成功的前提，如果趋势研判失误，整个企业的战车就会朝着与美好愿望相反的方向狂奔，团队执行力越强，统一性越强，结果就会越惨。20世纪80年代将乔布斯赶出苹果公司的斯卡利，当时在苹果董事会和苹果的很多高层中比乔布斯更受欢迎，而且斯卡利也是希望将苹果带向一个新的高峰，摆托乔布斯的影响，但是趋势研判错误，产品越来越不受欢迎，在与IBM、微软等企业的竞争中败下阵来。如果不是后来乔布斯回归，苹果可能只剩下"苹果核"了。

2）承认真正的现实，不讳忌自身致命的缺陷。这是转型成功的基础和起点。如果对自身的问题，尤其是致命的问题认识不清或者逃避现实，心存侥幸，结果可能是更严重的问题，直至垮塌。在我的观察中，很多企业转型不成功就是因为这个问题，特别是在一些曾经很成功的企业，这种现象最为普遍。由于企业的领导层曾经是成功者，他们总认为"熬"是一种很好的战术，总觉得熬过最困难的时期就成功了，孰不知，很多情况下，熬是没有多少实质意义的，更关键的是"渡"，是渡过最困难的时期。

3）鼓舞人心的愿景下要有清晰而可达成的近期目标。转型时期，提出鼓舞人心的愿景是领导力的重要体现，我内心认同这个要素。但是，提出鼓舞人心的愿景其实是容易的，将这个愿景比较通俗地灌输给追随者和团队是个非常重要的领导力落地工作，而只有能够将这个愿景阶段性地实现，才能真正获得追随者的认同。转型，最忌讳的是好高骛远。很多公司失败不是死在不转型上，而是死在乱转型上。我接触的很多上市公司和中小企业打着转型的旗号，东一榔头西一棒槌号称"多元化"，传统制造业并购互联网公司号称"+互联网"，互联网公司并购实业公司做"互联网+"，什么都做的就说自己做平台。做了几年下来，精疲力竭，伤了元气不说，还可能把企业拖入万劫不复的深渊。

4）做好规划，抓住关键点。转型，不是心血来潮，也不是领导者一个人的事情，一定是团队的事情，一定是有规划设计的。这里除了必需的顶层设计外，具体的步骤也要设计规划，步步为营。

5）团结一切有益的力量，连接一切有利的要素。转型，不是一个企业闭门造车的过程，尤其是在今天这个移动互联网的时代，转型是一个非常开放的过程。这样的时代里，一个企业的转型仅靠自己的能力肯定是没戏的，不管你觉得有多强大。因此，转型中的企业领导者要团结一切可以团结的有益力量，连接一切可以连接的有利要素，不求所有，但求所用，需要更多地依靠团结的力量、更多地连接到优质和有益资源而获得成功。这一点，无论是我们看到的丰田、松下、索尼，还是亚马逊、谷歌或是微软，以及中国的诸多企业，如果还是沿用以往的封闭性转型模式，估

下 篇
重塑战略

计结果是众所周知的。说得直白一点,今天谁连接到的有效力量越多、越强大,谁转型成功的可能性就更大一点。

转型不是讨巧的事情,也不是很时尚的事情,它是一件非常艰难而残酷的事情,如果缺少足够的认识,不能具备足够强大的领导力,那么,看起来再眼花缭乱的转型也都将是故事和浮云。希望处于转型中的企业家朋友们保持清醒的头脑,立足当下,修炼领导力功夫,带领自己的企业走向更辉煌的明天。

第十章　重新定义产业：
生态集群与专精特新冠军

制造业的发展需要生态。中国制造业之所以能够在40年的时间里快速成长为制造业世界第一大国，就是因为中国大地上有着供其生长的土壤——制造业生态。这里不仅有世界最全的制造业类别，更重要的是有着无数条完整的产业链以及供这些产业链生存和成长的人、物和资本。美国、德国等也是如此。最近30年来，中国的长三角、珠三角在制造业领域的高速发展，也是由于这里逐渐形成了适合制造业发展的新生态。但是，随着中国制造的快速发展，这种传统的生态再也不能完全满足新制造业的发展，新制造需要新生态。人类学家格雷戈里·贝特森把生物共同进化描述为一个相互依赖的物种在无止境的循环中演进的过程。以鹿和狼为例，狼捕食体力较弱的鹿，使鹿群变得更加强壮；鹿强壮了以后，狼唯有超越自己原有的能力才能继续获取食物。慢慢地，随着共同进化的发展，整个系统都大有改观。

下 篇
重塑战略

如果用这种观点来看待商业世界、看待制造业的发展，我们就会发现，企业只有在竞争中才能强壮，只有在有效的生态环境中，企业才能有效地成长。

一、构建生态：中国制造内部生态存在严重的失衡

2018年年底，网络上流传的一个小视频深深刺痛了我，内容是关于近十几年来我国几大商业银行的资金流向。在20世纪90年代，尽管那个时候并未提出《中国制造2025》的规划，但是银行贷款的很大一部分都流向了中国制造业，现在《中国制造2025》规划提出五年多了，流向制造业的银行资金，无论是数量规模还是比例，每年都在缩减。如果说，银行资金更多体现为信贷的话，那么，我多年研究观察中国制造业上市公司的结果其实也与这种银行资金的流向趋势相吻合，就是股市中更多的投资也没有聚集在制造业上市公司的群体中，尤其是近年来，制造业上市公司的市值规模都普遍偏低。

根据我的观察，目前中国制造业最严重的问题还不是资金脱虚向实的问题，也绝对不是大批低端的制造业企业的问题，更不是我们缺少核心技术的问题，而是我们的制造业内部生态已经严重失衡。

第一个层次的失衡是制造业内部结构的失衡。我们知道，任何

一个行业的健康发展都应该是一个生态体系的发展。当年，中国制造在很多城市的迅速崛起，如温州、苏州、深圳和中山等，都是一个生态群体的崛起，其核心体现为产业链的完整以及大中小金融系统跟进的生态圈。而目前制造业内在生态出现了严重失衡的局面。这种失衡体现为：所谓先进制造业与传统制造业的严重失衡，打着高端、先进标签的制造业受到热捧，而没有这些标签的大批传统制造业企业处于生死边缘。我国制造业规模如此庞大，难道都靠所谓的先进制造业拉动？暂且不说如何定义先进制造业，即使是千真万确的先进制造业，难道就不需要大批传统制造业的环绕和生态群体支撑？大批中小传统制造业企业的倒闭或消失必将让更大规模的制造业企业陷入产业链焦虑。更值得注意的是，所谓传统制造业其实绝大多数都是中小企业，而中小企业恰恰是"隐形冠军"的温床，也是大型企业活力的支撑。今天的德国等欧洲国家及日本，其制造业的竞争力依然强劲，不就是这个缘故吗？我国的苏南、浙东、珠江三角洲制造业的竞争力也正是源于此，而我国北方很多地区或城市不乏表现优异的大型制造业，但是，随着传统中小制造企业集群的衰落，大型企业的独角戏也就很难唱下去了，这就是为什么北方有些城市好不容易通过招商把行业领袖企业引进过来后企业却无法有效存活的一个重要原因。

第二个层次的失衡是制造业与外部生态伙伴的结构失衡。制造业的发展永远都离不开相关环境的生态伙伴，其中最为关键的是金融系统、人力资源系统和技术提供系统。我们观察到的现象是，

下 篇
重塑战略

制造业与这三个系统的关系也出现了严重的失衡。关于与金融系统的关系，刚才谈到了，无论是银行资金，还是资本市场的资金，流向制造业的资金都在减少，尤其是偏保守的银行资金，因为制造业显然无法为其提供利润更高、更加稳健的选择；股市就更明显了，无论是所谓国家队还是其他投资机构都很难将自己的投资押宝到长期才能看到回报的制造业上，这些人尽管每年都喜欢看巴菲特的年会报告，但真要进行投资股市的时候，他们的长期投资概念立刻变成了一块遮羞布。按说，技术开发领域与制造业的关系是最近的，可是无论是我国知名的科研机构还是大学，尽管拿到了国家的各种基金，但是转化为生产力的寥寥无几，看看那些所谓的独角兽榜单，排在前面的有几个是真正搞制造业的？它们主要是靠分享经济概念和商业模式翻新上位的，而制造业上市公司的研发机构有几家能够开发出真正有技术含量的产品？2000多家制造业上市公司还无法超过一个没有上市的华为呢！另外一个严重失衡的就是人力资源系统，对于制造业的一线工人，职业化和专业化的要求是最高的，可是现在招工是很难的，大批青壮年都去骑车送外卖了。如果缺少职业化的技术工人，工匠精神就是一句空洞的口号，因为你连工匠都没有，哪里还有工匠精神？

如果这样的生态失衡不能得到有效解决，仅靠少数高端的航空航天、轨道交通，是不能解决我国制造业发展问题的。同时，仅靠中国中车、华为等几家少数创新能力强的制造业领军企业也是远远不够的。制造业的发展一定是一个有效的生态。这既是中国改革开放初期中国制造迅速崛起为世界工厂的原因,也是美国、日本和欧洲一些发达国家制造业发展的经验和教训。

二、冠军培育:中国制造业转型升级的"破局点"

"这是一个最好的时代,这也是一个最坏的时代。"

我们常常引用狄更斯的这句话来感慨如今复杂多变的商业时代。其实,发起各种变革转型、多元跨界、颠覆模式的那部分企业并不代表商业世界的一切。人们常常只关注了那些"体积庞大""声音高亢"的企业,而忽略了那些"静水深流"、默默践行、不懈探索的企业,这部分企业被称作"隐形冠军"。

"小隐隐于野,中隐隐于市,大隐隐于朝。"大部分"隐形冠军"位于产业链上游,因为不与终端消费者产生直接联系,公众知名度比较低,故名"隐形"。但它们往往行动敏捷,高度专注某一细分领域,或者某一缝隙市场,而这类市场通常对产品品质的要求很高,它们的产品创新遥遥领先于同行,形成了大企业无法奢求的竞争优势,它们大音稀声,埋头苦干,瞄准的是全球市场,却又大象无形。

核心技术是最佳生产力,隐形企业因掌握行业核心技术,关键部件或关键材料,享有不可替代的地位,是产业的真正幕后控制者。在全世界3000多家"隐形冠军"公司中,德国拥有1307家,

下 篇
重塑战略

数量最多,而中国虽然是世界制造大国,全球第二大经济体,很多产业规模也做到世界领先地位,但这些产业往往大而不强,根本原因就在于其核心技术,关键部件和材料大都垄断在国外"隐形冠军"企业手中。因此,中国的制造业要由大变强,拥有话语权,就需要更多的"隐形冠军"企业,专注解决产业关键技术、核心部件和特殊材料,提供专业化高质量的产品和服务。

从中兴、华为事件以及中美贸易摩擦中,我们看到了企业被"卡脖子"的痛苦,芯片方面,关键部件和材料长期被国外企业所垄断,国内芯片依赖进口占九成之多,2016年超过2200亿美元。中国众多的产业都像电子产业一样,因为缺"芯",核心技术受制于人,有规模化,无竞争力;体量大,却无话语权。中国制造业的大而不强尴尬无比。因此,只要不可替代的关键部件和材料掌控在国外的"隐形冠军"企业手里,中国的产业再大也无法摆脱"低配人生"的被动局面。可以说,国外一个很小的"隐形冠军"企业如果不供应相关材料,就可以让中国万亿级的产业瘫痪,这绝非危言耸听,这是我们面临的最残酷的现实。因此,培育更多的"国产隐形冠军",将成为中国从一个制造大国迈向制造强国的决胜着力点和关键所在。

为何我国制造业会出现大而不强的现象?为何中国制造业经常受制于人?为何拥有市场优势、劳动力优势、资本优势、体制优势的中国制造业却规模化有余、竞争力不足?究其原因还是研发投入不足，科研成果转化不畅。许多国内大中型工业企业研发经费占比不足1%，而美国、日本、德国等发达国家则普遍在2%以上。面对这些问题，加快建设制造业创新中心、推进创新体系建设可谓迫在眉睫。因此，必须下决心从源头抓起，引导和支持企业专注于核心技术和关键材料的研发制造，专注于把核心部件和上游产品做到极致，专注于成为细分市场的"隐形冠军"企业，在突破关键材料与核心部件制造的瓶颈方面杀出外国公司的重围，为中国制造业重构发展路径提供坚实的基础。

基于此，国务院在2012年专门出台了《关于进一步支持小型微型企业健康发展的意见》（国发〔2012〕14号）落实《"十二五"中小企业成长规划》提出的任务和要求，全面推动促进中小企业"专精特新"发展。随后，国家工信部于2013年专门发了264号文，颁布《关于促进中小企业"专精特新"发展的指导意见》。所谓专精特新"小巨人"企业，是指中小企业中的佼佼者，是专注于细分市场、创新能力强、市场占有率高、掌握关键核心技术、质量效益优的排头兵企业。一批批冠军开始受到政府的关注，有了政策的支持。到2019年3月，国家工信部公布了第一批专精特新"小巨人"企业名单，尽管并不能囊括全部的行业冠军，但这代表了一种趋势，这批冠军正在成长为未来的制造业巨人。

下 篇
重塑战略

三、冠军之路：专注是灵魂，坚持是基石

一个公司能否在全球的竞争中成为"隐形冠军"，取决于这个公司是否拥有强大的创新能力，能否占据世界关键材料制备技术的制高点。不仅仅是制造业，任何行业想要发展都需要创新，创新是引领发展的第一动力，是建设现代化经济体系的战略支撑。无论是电子产业的芯片，还是航天发动机，亦或是看上去简单的圆珠笔芯和高铁的螺丝，都是依靠其先进的技术和精湛的工艺制作而成的。一个领域制高点的技术，往往不是靠人多或短期砸钱就可以快速获得的。我们过去凭借"人多力量大"搞生产，那是时代的产物，而目前，在数字经济、智能经济时代下，想要依靠众多劳动力资源和大量投资来迅速把产业做强的模式是行不通的。当前，我们最需要的，是要形成一种创新的科研环境，打造新型的创新链。全球制造业正在发生一系列深刻的变化，全球制造业创新体系也在进行重构。因此，加快建设新型创新体系至关重要。同时，还需解决资源分散、重复、封闭、交叉的问题，解决创新和产业如何发展的问题。此外，还要对科研评价体系进行科学合理的调整，完善激励机制，只有这样，才会实现让国家科研投入真正做到成果转化，从而更好地为制造业或其他产业服务。

"技可进乎道，艺可通乎神。"工匠精神的核心内涵是精益求精，不马虎，不弄虚作假，对产品和工作负责的精神，这是一种

一丝不苟和严谨务实的态度，一切为了产品，一切为了质量，不断改进、创新和优化，以打造高质量的产品作为矢志不渝的追求。古往今来，工匠精神在鞭策着人们对极致的追求，这可能不仅是精益求精，更是一种态度、一种对卓越的承诺。我想，这也应该成为中国"隐形冠军"企业的追求，用心去制造，用心去探索中国制造。

德国"隐形冠军之父"赫尔曼·西蒙2018年5月29日在法兰克福表示，中国和德国今天同为出口大国，出口经济需要互相联合融通，因此德国和中国一定要更好地发展合作。的确，中国的中小型企业可以从德国"隐形冠军"企业的成功经验中学到很多东西。同时，与制造业强国的合作，将助力于弘扬工匠精神，也能为新工业革命浪潮中的中国中小企业发展以及深化对德合作探寻道路。

制造虽易，质量不易，且行且珍惜。庞大的市场占有率是"中国制造"引以为豪的发展名片，但如此快速的"中国速度"与市场美誉度之间所形成的隐形落差需要用"中国质量"来补位。反观2013年，欧债危机下的欧洲各国经济哀鸿遍野，唯有德国成为欧元区屹立不倒的"定海神针"。究其根本，德国制造业的长盛稳定，无疑是其抵御欧债危机的铜墙铁壁。德国人"理性严谨"的民族性格，是其精神文化的焦点和结晶，更是"德国制造"的核心文化。我们要敬畏德国的专注精神、标准主义、精确主义、

下 篇
重塑战略

秩序（程序）主义、完美主义。我们要敬畏所有的榜样，最终实现"比学赶超"。

目前，中国经济已由高速增长阶段转向高质量发展阶段，处在转变发展方式、优化经济结构、转换增长动力的攻关期。加快建设制造强国，瞄准国际标准，弘扬工匠精神，中国在加快建设创新型国家的道路上已经进入新时代：瞄准国际科技前沿加强研究，突出关键共性技术重点拓展科技项目，强化对中小企业创新的支持促进科技成果转化，强化知识产权保护和运用倡导创新文化等。国家正在陆续出台相关政策和举措，目的就是为了加快企业转型升级，向价值链高端迈进，从根本上增强经济创新力和竞争力。而其中的核心就是要培养更多的"隐形冠军"企业，掌握相关产业的关键材料和部件，突破发展瓶颈，打破国外垄断，实现全产业链材料、加工自主可控，为高质量发展打下良好基础，使中国从一个制造大国真正变成一个制造强国。

我接触的冠军企业颇多，印象比较深的有厨房电器领域冠军方太集团、压滤机领域冠军景津环保、钻夹具领域冠军山东威达等。暂且不提很多拿到国家有关机构"冠军"证书的小巨人们，我们2019年在南通海安考察过的科星化工就是一家看起来"很不起眼"甚至会被大行业领袖们忽视的"隐形冠军"，他们生产的产品说起来很多人不一定知道但却离不开：金属清洗液、切削液等，这些是任何大型机械制造生产过程都离不开的，属于机械制造领域的"血液"。这家不起眼的公司开创了中国以水代油、以水替代化学溶剂作为机械行业进行清洗、切削、防锈的先河。成立31年的科星化工一直低调前行,却拥有着40%以上的市场份额,是名副其实的行业冠军。2019年9月,在第五届(2019)中国制造业上市公司价值创造论坛暨智能制造数字化和先进制造业创新发展峰会上,科星化工荣获"中国制造细分行业隐形冠军"奖。

纵观以德国为代表的制造大国的发展道路,大型跨国公司的表现虽令人艳羡,但不计其数的中小企业("隐形冠军")却是德国国际竞争力和连绵不绝的经济源动力的核心。可见,就中国制造而言,"隐形冠军"企业培育和成长规律的探讨、发掘意义重大。那么,如何培育细分行业的"隐形冠军"便是所有制造业企业应当思考的问题。为此,中国制造业价值创造论坛专门设立了冠军论坛,讨论如何培育、发掘细分行业的"隐形冠军",并希望以此为契机,寻求中国制造业的最佳发力点,让中国制造业插上"隐形的翅膀"。毕竟,我国的冠军数量和规模不仅与发达的美国、德国有差别,与身边的日本相比也依然有差别,据有关机构统计,世界级的"隐形冠军",德国有1307家,美国有366家,而中国只有68家,仍需加倍努力。

第十一章　重新定义城市：
培育先进制造业集群的城市创新

2018年10月，第四届中国制造业上市公司价值创造论坛在苏州举行，我作为论坛的秘书长在长达几个月的时间里几乎每周都去苏州，10月基本都是在苏州度过的。尽管我作为咨询顾问、培训师去过苏州很多次，与当地的不少企业打过交道，但如此密集地与苏州市领导及有关政府部门、上市公司领导者进行深度接触还是第一次。这段经历使我比较深入了解了这个城市，了解了这个城市的企业家群体。

苏州在全球城市500强排名中位列第58，常驻人口超过1000万，2018年GDP达到了18 597.47亿元，规模以上工业产值达到3.31万亿元，在全国城市中位居前列。谈到真正的制造业城市，非苏州莫属。

苏州之所以能够在制造业中有这样的成就，不仅仅在于它的地理优势和人文优势，最为重要的是这个城市企业家群体的低调、专注,以及政府官员的专业和务实。我想,正是这样的城市性格,打造了一个全世界著名的制造业集群,而这样的制造业集群反过来又成就了苏州的新城市特性。

可以说,产业的发展塑造了现代的城市,而城市的能量推动了产业的崛起。中国制造业的发展,尤其是集群式的发展,离不开城市的创新,而城市的创新发展也离不开产业集群的培育。

一、新规模效应:培育世界级先进制造业集群

具备较强的国际竞争力和影响力是先进制造业集群的一个重要标志,产业集群的"规模效应"和发展的"内生动力"互为支撑是打造先进制造业集群的基本要求。

产业集群的基本模式有轴轮式、多核式、网状式、混合式和无形大工厂式等,其中一个基本特征是产业链的上下游企业在地域上形成集聚,该产业在特定地域形成规模效应,即产业生产要有一定量的规模。但不是所有具有规模效应的制造业集群都能称得上是先进制造业集群。最典型的例子是墨西哥制鞋产业集群,主要集中在莱昂、瓜达拉哈拉和墨西哥城,制鞋份额各占墨西哥制鞋业的51%、22%和12%。其中莱昂、瓜达拉哈拉雇员少于100人的企业占比分别高达88%和93%。产业呈现出总体规模大、小企业多、企业之间联系弱、缺乏创新等特征。其实,这也是温州

下 篇
重塑战略

很多制造业企业消亡的主要原因。再如我国河北省的钢铁产业，2013年河北的粗钢产量占全球粗钢总产量的11.6%，远远超过了世界第二产钢大国日本，比欧盟27国总的粗钢产量还要高，由河北数家钢铁企业合并形成的河北钢铁，合并当年就进入了世界500强。但从总体看，同国外相比，河北省钢铁产业集群高附加值、高技术含量产品比重还较低，创新能力有待增强。很显然，只凭借产量高并不能成为世界级的先进制造业集群。

只有"内生动力"没有"规模效应"的产业集群缺乏世界影响力。创新是促进产业发展的驱动力。在一些创新型产业集群中，创新资源丰富，创新活跃，新兴技术和新兴公司衍生能力较强，短时间内产生了大量的新技术和新兴公司，形成了公司林立的新兴产业集聚发展局面。若从全球视野来看，集群内各个公司虽具有一定的技术竞争力，但产品的市场范围有限，所占市场份额较小，产业集群品牌和规模影响力还有限，综合竞争力仍然不强。

先进制造业集群必须兼具"规模效应"和"内生动力"。产业集群是现代产业发展的重要组织形式，不仅是地区与城市经济发展的主导力量，还是国际经济竞争的战略性力量。培育先进制造业集群是新时期推动制造业高质量发展的重要举措，它的重要标志就是有较强的国际竞争力。因此，先进制造业集群不仅要注重产业的"规模效应"，也要注重产业发展的"内生动力"。

一个城市在培育先进制造业集群时需要选择其优势产业领域，

该领域的生产制造与产业创新要在全球范围内具备一定的竞争优势。该领域不仅拥有相对发达的生产制造业体系，生产制造效率较高，一系列产品无论是市场占有率还是产品先进性均处于世界前列，同时还聚集了大量的创新资源，形成了包括核心企业、大专院校、科研机构在内的创新生态系统，协同创新网络比较成熟，创新要素在区域内可自由流动，带动知识和技术外溢，有效促进产业协同创新。

鉴于全国各产业集聚区发展不平衡，产业园区发展质量参差不齐，我们建议，各地应通过自查或邀请第三方机构开展产业集聚区发展质量诊断，明确症结所在，到底是"规模效应"弱，还是"内生动力"不足。按需施策，有针对性地整合产业集聚区，淘汰落后产能，促进区域制造业集聚区由散到聚、由乱到治，加快培育具有地方特色的先进制造业集群。同时，优选若干产业，开展先进制造业集群培育试点，使京津冀地区、长江经济带、粤港澳大湾区等地区涌现出一批产业基础好、创新能力强、体制机制活的产业集聚区，具备先进制造业集群发展的基本"动量"。我们建议，在产业主管部门的指导下，城市要发挥地方积极性、主动性，有序开展培育先进制造业集群试点。通过有计划的引导，发挥市场主导作用，形成若干在技术创新、产业实力和品牌效应方面具有全球影响力和竞争力的先进制造业集群。

城市主管部门也要进一步完善培育先进制造业集群的政策措

施,支持网络化集群,促进组织建设,提升集群的组织服务能力和影响力。支持集群内公共设施和服务建设,在 IT 服务平台、重大科学设施、培训等方面给予一定的经费支持,降低产业创新成本,加速信息扩散和技术溢出,支持集群对外开放合作,提升国际竞争力。

二、新城市群:优质企业成为城市创新的发动机

现代城市的发展表明,产业的价值影响着城市的价值。随着"绿水青山就是金山银山"国家环境战略的推进,基于全球现代化的发展趋势,以及人民群众对于美好生活的向往,以高新技术产业为龙头的先进制造业或高端装备制造业越来越成为带动城市发展的重要产业力量,不少城市,尤其是东南沿海以及内陆省会城市,都将加快高新技术产业、先进制造业、高端装备制造业作为产业规划中的重点发展领域。在这个过程中,深圳的经验值得研究,因为今天的深圳已经是中国高新技术产业的高地,拥有了华为、中兴、大疆、华大、比亚迪、富士康、中集等一批高端装备制造业龙头,还有腾讯这样的互联网企业,看起来更像是中国的硅谷。

在这个过程中,深圳市政府的战略规划与管理功不可没。深圳是特区,拥有更开放的思维、更多的手段推动产业的发展。深圳市在建设创新型城市的进程中提出"产业第一,企业为大"的理

念，形成了比较清晰有效的发展思路：以市场准则为基础，以企业为主体，以产业化为方向，以大学与科研院所为依托，建设官产学研资相结合的区域创新体系，把通过自主创新调整经济结构，改善经济质量作为建设"效益深圳"的核心，使得深圳的城市竞争力、创新力走在了全国前列。2019年11月13日，澳大利亚咨询机构2thinknow公布的2019年全球"创新城市"指数报告显示，中国城市排名大幅提升，共有42个城市进入前500强，其中深圳名列全球第53位，比2018年提升两位。在中国的城市里，深圳仅次于北京、上海，名列第三。

充分运用广东珠三角地区的产业链优势和特区的政策优势以及与香港连接的区域优势，积极推动与国际资本、民间资本的合作，并以已经有了雄厚实力的国有资本为杠杆，重点发展具有国际竞争力的高端装备制造业、先进制造业是深圳30年来的高新技术产业战略核心，已逐渐形成了以通信产业群、计算机产业群、集成电路产业群、软件产业群等电子信息产品为主导的高新技术产业群，其产值已经超过全市工业产值的50%，其中自主知识产权产品产值又超过了全部高新技术产值的50%，这一比例在全国城市中是遥遥领先的。在通信、医疗设备和电池等高端装备制造业，深圳已经占据了全国行业技术领域的制高点和大部分的市场份额。今天，深圳已经成为中国制造业第一大城市，2018年规模以上工业增加值为9109.5亿元，增长9.5%，其目前是全国唯一一个工业增加值超过9000亿元的城市。

下 篇
重塑战略

粤港澳大湾区的建设为深圳带来了进一步发展的机遇,一个全球性的创新城市正在形成。有的人担心深圳产业会走向空心化,但是 2019 年深圳市提出"进一步推进以先进制造业为主的创新城市,着力构建现代工业体系"。从目前深圳的重大项目来看,这种担心似乎是多余的,先进制造正在成为深圳的新标签。

深圳创新发展的经验究竟是什么呢?这方面的总结很多了,本书不再赘述,我认为,最为关键的是,推动、扶持、促进企业真正成为技术创新的主体,培育了敢于创新的企业家精神。北京大学的一个课题组在调研中发现,深圳有"四个 90%":深圳市 90% 以上的研发机构是企业的机构;全市 90% 以上的研发人员是企业人员;全市 90% 以上的研究经费来自企业;全市 90% 以上的专利是由企业申请的。这表明,在深圳,企业已经真正成为技术创新的主体,而这个主体的领袖就是企业家。深圳涌现出了一批优秀的企业家,如华为的任正非、比亚迪的王传福、腾讯的马化腾、中集的麦伯良、大疆的汪滔、华大的汪建等,他们的成长不仅推动了他们所在的企业获得了持续的快速发展,还带动和激励全社会形成了"创新光荣"的共识。

能够聚集如此之多的有创新、创业意识的领军人才,才是深圳的城市价值的根本。多年来,深圳政府出台了大量的政策法规,对自主创新给予坚定不移的支持。20 世纪 90 年代,深圳出现股市、贸易、房地产三大行业的总体滑坡,政府及时提出发展先进制造业战略,引导社会资源向高科技及先进制造业方向倾斜,这是深圳得以在 21 世纪前 10 年迅速聚合创新资源的重要转折点。20 世纪 90 年代后期,社会上出现了关于国有资产流失的争论,很多城市对于国企改革开始望而却步,深圳则及时制定了技术入股、企业技术秘密保护、技术分红、创业投资等一系列法规和政策以及实际举措,为国有企业深化改革、民营企业发展、外资健康发展提供了良好的政策环境。在这一点上,深圳确实走到了前面。这不仅仅体现在政策的"本本"上,也不仅仅体现在招商引资的环节上,更重要的是体现在整体的政策执行上。有很多城市的招商引资政策不差于深圳,甚至比深圳还优惠,但是重心往往只是在招商引资上,招来了就结束了,甚至在几年前还出现"关门打狗"的恶劣行为,结果,招来的要么死了,要么跑了。其实,千辛万苦地招商,不如"伺候"好已经招来的"老客",他们可能才是真正带动城市产业发展的现实力量。这一点,其他城市要好好向深圳学习,这与深圳是不是特区没有关系。

优质企业是城市创新发展的带动力量,优质企业的成长需要精心的呵护,优质企业的核心是企业家精神,即敢为天下先、宽容失败、激励创新的精神。有了优秀的企业家,就有了优秀人才的集群,进而就有了优质企业的胚胎,而"官产学研资"五方相结合的城市创新体系则是这种胚胎的良好土壤。这种土壤的主要培育者就是政府,它要为创新的企业家集群提供没有后顾之忧的服务体系。

下 篇
重塑战略

三、新竞争力：构建现代城市的新产业吸纳力

一个城市要招商引资、要实现创新发展，就必须建立城市的新竞争力。这种城市的新竞争力是一项以智慧发展和创新精神为推动力的系统工程，决非仅仅是今天修宽路，明天建大广场，后天做活广告，别的城市干什么我就干什么。这种只看重短期行为和眼前利益、一项一项地跟风跑的做法，是简单、落后而又原始的城市管理套路。其中，最为重要的是创新资源吸纳与整合能力强，这首先体现在高新技术资源的吸纳和整合能力要强，其次是人才资源吸纳和整合的能力要强，最后是政策的稳定性和执行力要强。

不少人认为，对于北京、上海、深圳、广州这样的一线城市以及杭州、南京、济南、合肥、重庆、成都、苏州、无锡、宁波这样的二线城市，吸纳力参差不齐。其实，一个城市的创新资源、人才资源、技术资源等资源吸纳力与城市的规模没有必然的联系，关键看一个城市的"智慧"程度。而这也不仅仅是传统"智慧城市"的概念，不仅仅是建立一个城市的城市大脑、智慧交通和智慧社区等，更为重要的是应建立智慧型产业地图。

就先进制造业及相关产业的吸纳力而言，城市的新竞争力至少有以下五个特征：

第一，更关注硬科技的带动性。在硬科技日益成为制造业发展

发动机角色的产业浪潮中,关注硬科技的引进,打造坚实的城市产业基础已经成为智慧城市真正的制高点。

第二,三大产业融合度更强。先进制造业属于智慧产业,其技术和知识辐射作用很强,对于城市的整体产业都会产生重塑作用,推动第一、第二、第三产业的智慧化发展与融合,将会打破以往三大产业相互独立的界限,使得城市产业的发展有机地融为一体。现代农产品的培育、加工、物流、产品,还有淘宝、天猫的定制型产品连接了苏州吴江、浙江湖州的一家一户,也连接了现代物流,更连接了深圳、上海、杭州的设计,以及全球的材料生产基地,当然更不能缺少互联网平台。服务型制造业成为主角。

第三,产业合作模式多元化。面对成长力强的独角兽和冠军等优秀企业,很多城市都是采取了"不求所有、不求所在,不求所用,只求分享"的多元化合作方式,包括各类投资方式以及多种类型的孵化器、加速器、联合创新中心、分享办公等,不再局限于传统的产业园区。

第四,一城一体系。每个城市的资源禀赋和应对时代机遇的方式不一样,很难是同一个发展范式。因此,先进制造业的构成及发展重点肯定有所不同,关键是要构建能够体现城市相对优势的产业体系,比如威海市就以威高等医疗设备及制药企业为核心形成了医疗健康产业体系、以光威复材等高端碳纤维新材料企业为核心构建了国内一流的碳纤维高端复合材料产业集群。

下 篇
重塑战略

第五，新产业地图成为引导城市发展的重要手段和战略举措。与传统的产业规划不同，这样的产业地图除了关注龙头企业的带动之外，更侧重于先进制造业的引导逻辑和资源配置体系，不仅适用于北京、上海、深圳这样的超级大城市，也适用于各类城市的创新发展。

由于第五届中国制造业上市公司价值创造论坛在江苏南通的海安市举行，所以在2019年的大部分时间里，我与这座精致的小城市结下了缘分。坦率地讲，在合作举办论坛之前，我对海安市没有什么印象，常住人口只有86万人的海安市的确是一个低调而有产业内涵的城市。2018年11月，海安市入选2018全国"幸福百县榜"、2018年工业百强县（市），2018年11月，被国家科技部确定为首批创新型县（市），2019年10月8日，被评为2019年度全国综合实力百强县市、2019年度全国投资潜力百强县市、2019年度全国绿色发展百强县市，2019年11月，被评为2019年工业百强县（市）、2019年中国创新百强县（市）。小小的海安市，荣誉多多，名副其实。除了被称为"中国茧丝绸之乡""中国湖桑之乡""中国河豚之乡""中国紫菜之乡"等，海安市还是一个很具产业内涵，极具创新竞争力的制造业城市。

2015年，海安市的工业应税销售在南通市率先突破千亿元，2019年突破了2000亿元。如此的产值从哪里来？除了密密麻麻的中小企业集群外，这里蕴藏着一批由上市公司带领的冠军队伍：

联发集团由一家传统的纺织企业转型成为一家集纺纱、纺线染色、织造、整理、服装于一体的色织面料和服装生产企业，年销售额达2.2亿美元，不仅是中国最大的色织布生产工厂之一，而且其具有自主知识产权的高端面料已经是全球冠军。天楹集团则是中国生产规模最大的生活垃圾焚烧发电及蒸汽生产相关设备制造企业，在垃圾处理设备及相关环保设备领域已经成为冠军。此外，鹏飞集团在工业窑炉及粉磨设备领域、铁锚玻璃在特种玻璃领域、科星化工在金属切削液领域都已经是毋庸置疑的行业冠军。

海安市之所以能够拥有较强的城市创新竞争力，与两个要素分不开：第一个要素是注重凝聚创新资源和智慧力量。海安市不仅与机械工业经济管理研究院签署了战略合作协议，作为江苏省级的科技创新体制综合改革试点地区，还建立了以多元化产业园区为载体的各类创新服务平台，与中科院、北科大、上海交大、南京大学等国内知名科研机构及高校合作设立了8家研究院，拥有国家级研发机构3家，省级研发机构超百家。另一个更关键的要素则是突出的服务品质。这里所说的不仅仅是优惠政策、城市环境类的硬环境，更多的是政府机构工作人员表现出来的职业化、专业化。这是我们合作举办第五届论坛过程中最为直接的感受。我们希望中国涌现出更多海安市这样的城市。

第十二章　重新定义创新：
构建联合创新的综合体

创新是社会经济进步的推动器，更是企业发展的基本动力与核心竞争力。没有创新，就不会有发展，无论是企业还是城市，在这一点上，全国都达成了共识。在中国，听不到任何反对创新的声音，全国上下，尤其是制造业，都对创新有着不约而同的认可。

一、创新的焦虑：传统创新模式向新的创新模式过渡

面对创新的热潮，我们应该思考，在"创新"一词下的行动真的都是在为社会、为顾客创造价值吗？

据我观察发现，现在不少的"创新"都是打着创新的旗号在亵渎着如此单纯而伟大的词汇，甚至有不少人打着"创新"的招牌却行使着高级骗子的职能，往往越是高级的骗子，嘴里说"创新"的次数越多。哪里的骗子最多且最高级？除了金融领域，就

是高科技领域了。汉芯事件开启了芯片造假之路，十多年来，科研造假依然猖狂且肆无忌惮，骗了国家、骗了投资人、骗了对他们表示敬畏的社会公众；金融领域的骗子自不用多言，各种套路贷、各种投资防不胜防。在高科技与金融结合起来的领域会怎样？那骗子就更加高级，负面影响也更大了。最近几年打着"金融科技"而形成的骗局已经成了社会公害，甚至到了影响国家安全的地步。当然，到2019年，他们获得了应有的下场。"脱虚向实"不再仅仅是一句口号，或是一项政策，而是一种社会行为。

我研究的领域之一是制造业上市公司，最近几年主要关注这些企业的价值创造能力和效果。根据我们对于"创新价值"和"产业价值"相关数据的分析，个别制造业上市公司真正产生利润以及相关价值的并不是其主业，可能来自"卖房"或者"金融理财"，再就是各类"拼报表"，甚至用股市上融来的几十亿元钱做了房地产或长期理财，而花在技术研发上的钱寥寥无几，与非上市公司华为、方太相比，差距是天上地下。

还有另外一种现象：一家企业看起来不断开发新技术、新产品，尝试新模式，搞得人眼花缭乱，总是有些新的产品、新的技术出来，这应该是创新的先锋了吧？但是，这些东西几乎没有一个能够经得起市场考验的。研发人员窝在研发中心的实验室和电脑前"辛苦"地劳动着，但是头脑中根本没有顾客和需求的概念。拼技术、拼新颖，但是顾客是否会买单，似乎与己无关，结果造

下 篇
重塑战略

就了大量的实验垃圾。诚然,我们应该对创新的失败有足够的宽容度,但这不意味着企业就可以自顾自地漫天玄想或者闭门造车。我曾经近距离接触过一些国内比较大的研发机构,其中各类新技术、新项目数不胜数,但是如何转化生产力,谁也说不清楚。

真正的创新应该能够带来可见的价值,能够被应用于大规模制造的产品中,并能够为顾客和消费者所接受。深圳的经验告诉我们,只有真正的创新才能够为城市、为社会带来强大的价值体验。当然,我们现在也明白了一个特别简单的道理:企业创新需要创新的环境和生态。作为制造大国,如何充分利用既有的优势,实现进一步的创新,建构新的优势,应该是我们要思考和实践的。

二、产业城市融合:产业创新与城市创新的"产城创"新物种

产业创新离不开城市的支持,城市的创新离不开产业创新的带动。如今这已经成为我国经济发展与国家创新的重要路径。

新时代背景下,产业发展和城市建设都面临着新的挑战,产城关系面临产城双转型。一方面,新技术、新经济、新市场、新模式对产业发展造成了新的冲击,产业升级不断加快,新兴产业不断发展,以传统制造业为主、强调对外出口和以资本、资源为导向的产业园区发展模式逐渐被以先进制造业产业集群为单位、创

新驱动发展、生产与现代服务业相结合的发展模式所取代，产业的区位选择、功能需求和空间组织等发生了明显变化。另一方面，随着整体城市规模的扩张，产城格局发展变化，产城矛盾既出现于配套设施落后的产业区、开发区，也出现于老城区、旧城区、中心城区。由于企业外迁，城市的生产性功能被削弱，服务性功能增强，尤其是一些大城市，具有带动功能的传统制造业外迁了，逐渐面临产城失衡的局面。因此，面对产业和城市发展的新局面，产城融合需要探索新模式和解决方案。这一点，无论是美国的波士顿、奥斯汀，还是我国的深圳、杭州、苏州，都能提供一定的经验。

创新驱动发展应该是破解产城发展面临的复杂局面的一把"钥匙"，以创新驱动的产城融合发展可以较好地应对新趋势和新需求。所谓创新驱动，就是不能用传统的政策优惠、园区模式、招商引资套路，而是用为先进制造业提供创新发展生态的融合模式。

1）制造业，尤其是先进制造业呈现全价值链发展趋势，产业融合有助于推动空间复合。先进制造业发展的分工扁平化、组织链条化、信息网络化、技术迭代快、市场反应快等特点决定了产业的高度融合化，产业集聚区不再是单纯的产业分工后的单一功能区，而是包括了产业链条前后端的研发中试、展示销售、金融、管理等生产性服务，以及居住、娱乐休闲等生活性服务。

下 篇
重塑战略

2）先进制造业也体现为集群模式，超大型"盟主"与一批单项冠军，以及大批科技型小微企业形成了新的集聚模式。传统产业园区主要集聚的是大规模、集群型产业，而科技型小微企业由于其微小的规模特征、科技创新的产业特征及开放灵活的行为特征往往会选择在旧城旧厂改造区、知识源辐射区和中央商务区等地集聚，形成新的自发集聚特征。

3）企业的布局在很大程度上受到人才的影响。以技术、服务和生态等为代表的新兴竞争要素正逐步取代传统的土地、资本与劳动力等竞争要素，能否吸引科技创新、文化创意和生产性服务等新兴产业，越来越多地取决于区域对高端要素的集聚能力和对高端人才的吸引能力。因此，以人为本的空间组织更加注重空间品质的提升。

4）创新型空间的多样化发展，推动空间模式不断创新。新的经济活动催生新型的经济空间，众创空间、创业街区、创新社区等新的空间组织形式为企业和人的行为提供了新的可能，创新发展对城市空间组织提出了新的要求。

将"产业双创"纳入产城互动关系中，探索创新驱动下的产城融合新路径，构建"产城创"融合发展新模式。"产城创"融合发展是在一定区域范围内实现产业、城市和创新的协调融合，形成产业、城市和创新良性互动的发展模式。

①通过孕育创新环境，集聚创新型人才、知识型机构和各类创新服务平台，开展持续有效的创新活动。

②完善城市职能，服务创新发展，为创新活动提供生活、生产所需的基础设施和公共服务，为企业成长与人才生活提供高品质的城市环境。

③促进科技创新引领产业发展，促进新兴企业培育和传统产业转型，在区域内形成具备创新活力的产业集群，为人才提供就业机会和创新平台。

创新驱动影响城市和产业的发展路径，在产城互动的基础上，进行产创和城创互动发展是实现"产城创"融合的重要路径。一方面，创新促进产业转型发展。依托人力成本、资源成本的传统产业类型，往往需要大量人力和空间供给，导致高密度、单一型的劳动力集聚，以及生产空间的低效利用，甚至伴随环境污染等问题。产创融合发展促进企业向技术型、集约型企业转变，降低人力和空间的需求压力，通过人才引进和技术提升促进产业集群从要素驱动向创新驱动转型。另一方面，创新促进城市活力提升。生产型产业外迁后的老城区与城市外围的居住片区，均存在活力不足、功能单一和就业流失等问题。城创融合通过对环境品质和服务质量的提升以及创新空间的规划，吸引创新型企业和人才的入驻，增强片区经济活力，提升就业率。通过产创融合和城创融合，打造良好的创新环境，集聚创新要素，形成创新生态系统，

下 篇
重塑战略

最终能实现"产城创"融合发展。

这种模式会催生城市创新发展的新趋势。一家生产工业机器人的世界500强企业负责人在谈到产城融合的时候说:"工业机器人这样的高端装备制造业,越来越看中一个城市的潜质,越来越需要融合于城市发展中,因为这样的产品首先依赖于市场的丰富性和成熟度,中国制造从大批量、小品种向小批量、多品种过渡,对于产品的要求越来越高,同时也依赖于成熟的技术工人,以及相关政策的支持。我们选中的城市往往是渴望转型的城市,有着渴望转型的企业群体和政府需求。当然,技术创新环境的要素一定是要考虑的。"

三、由链到网:通过联合创新,推动创新的生态化

创新,尤其是科技创新,无论是硬科技创新,还是软科技创新,在今天已经不再是偶然发展的产物,而是有一条完整的链条:科研机构或高校的科研成果转移到创业,企业经过几年的研发和改造,形成MVP(minimum viable product,即"最小化可行产品")进行验证,然后,大规模量产,制造出满足市场需求的产品。这样的链条从19世纪80年代出现于美国,到2000年已扩散至全球,成为新一代创新模式的主流路径。而我国的技术创新基本上是从国家大型科研机构和大型央企及国家扶持的龙头企业开始的,民营企业的科技创新基本上是以模仿学习为主,直到2012

年,大批创业者出现,尤其是2015年提倡"双创"以来,这一链条也开始成为国内技术创新的主流链条之一。

随着科技迭代速度的加快、中国城市集群的发展、经济全球化趋势的加强,尽管中美贸易摩擦带来了中国与美国、中国与欧盟的技术交流,特别是高科技交流出现了种种的障碍,但是开放性创新仍然势不可挡,科技独角兽的估值可能会越来越高,尤其是我国关于扶持科技创新的政策越来越国际化、越来越具有推动性,科技创新将进入井喷时代,传统的创新链条也可能会遇到更多挑战。在这种情况下,在刚才谈到的链条以外,还需要大量的支持角色,比如配套的协同研发、设计、营销、推广、品牌、客户服务,让企业经营更顺畅地共享办公空间以及人事、财务外包服务,金融资本的推动,政府的扶持,等等。可见,这不是一个园区或传统的孵化器能够解决的,而是需要一个创新生态,这个创新生态显然不是一个链,而是一个网。

这个网与传统的链条不同的是,网中出现了以下三种新能量:

第一种能量是超大型龙头企业为了提升竞争力,不再满足自身的创新,而是通过资本的力量和产业链的力量开始与科研机构进行更加深入的互动,与科技型创业公司、独角兽以及更小规模的创业企业的互动也更加频繁,同时鼓励自己体系内的技术人员进行创业,裂变出一批科技型创业者,如微软的创新中心、麻省理工的创新中心、海尔的COSMO平台、北汽-北大移动出行众创空

下 篇
重塑战略

间、小米生态等纷纷出世,依托强大的资本实力和技术实力,抢占创新的制高点。

第二种能量是由于网络技术及远程协作软件的发展,使得企业与企业之间、企业与合作伙伴之间、员工与员工之间可以不受地域限制而进行自由的工作,进一步导致企业功能的简化以及企业之间的界限在消弭。你中有我,我中有你,使得创新变成了一种分布式模式,众包就是最为典型的体系,而小米手机的创新开发就得益于这种路径。

第三种能量是资本与空间经营者更深地介入创新网络。从创新的传统链条看,创新主要还是企业自己的事,最多是需要资本投资,这是一种财务性投资,资本一般不干涉企业本身的创新过程。这种创新与空间的经营者更没有什么直接的关系。而随着传统工业地产的衰落,拥有强大资本实力及资源整合能力的工业地产商业也纷纷介入创新网络中,不仅仅扮演房东、投资人、土地提供者、工厂建造者的角色,还开始扮演发掘创新、推动创新、成就创新的更加主动的角色,如冯仑创办的万通控股集团等,至于是不是要把其叫作"科技地产",还要看看结果再说。

这三种能量的交融,催生了如今的硬科技创新的新生态,使得创新变成了一张网,科技型小企业的数量暴涨。在这个生态圈里,参与的主体包括:科研机构及高校、科技型创业者、行业龙头企业、投资机构或投资人、金融机构、创新区(园区与孵化器、加速器、创新中心等)、传播推广机构、交易所或中心、专业中介服务机构,还有政府机构。在这张网里,缺少了任何一方,都可能让看起来特别有前景的科技创新产品胎死腹中。

基于此,国务院国资委创建的中国装备制造业国家级首席智库——机械工业经济管理研究院联合国家级协会、科研机构、制造业领袖、科技型创业者、投资机构,发起成立国装智库,充分发挥国家级装备制造业智库的智慧资源,整合金融资源、创新资源、技术资源、产业资源、政府资源和项目资源优势,积极推动以硬科技及高端智能装备制造业创新的联合创新模式,不仅与"产城创"模式相结合,而且依托国家级智库建设以及本土咨询机构的实力,由智库牵头,形成产业、城市、资本、技术创新者、科技型创业者、服务机构、系统构建者等多主体联合的创新路径,实施跨地区、跨业务、跨领域、平台化的战略布局,积极开展资源与专业能力的整合,打造"咨询—赋能—资源—资本"一体化的服务模式,业务形态也将不断向"创新驱动"和"效率驱动"两个方向扩展,采取"平台化(液态组织)&实体化(固态组织)"相结合的发展模式,采用适用于快速发展的、"面向未来"的组织架构,满足企业"创新和效率驱动"的发展诉求。这一模式不仅推动了龙头企业"创新殖民地"的建设,充分发挥大企业的创新航母作用,并且通过聚合创新资源进而使其成为城市创新发展的赋能者,与相关城市共同打造具有网状特征的联合创新中心以及赋能平台,如图12-1所示。

下 篇
重塑战略

图 12-1 国装智库的联合创新中心及赋能平台示意图
（本图由智囊传媒与国装智库联合提供）

后　记

没有料到的是，这本书竟在一个特殊的时期完成了。

2020年2月13日，本该是开始忙碌于"一年之计"的时候，却因凶猛的新冠肺炎疫情，我们都被迫封闭在家中。如果从1月24日（腊月三十）开始算起，到今天正月二十已在家21天了。正是有了这样一段较长的在家时间，使得我可以集中写作。

这本书的构思，应该是起始于2015年7月强国战略研究所的成立。应机械工业经济管理研究院院长徐东华教授的要求，我牵头成立了研究院强国战略研究所，着力于装备制造业发展以及制造业强国的研究，并开始筹备第一届中国制造业上市公司价值创造论坛。基于多年的咨询、培训及管理经验，我产生了很多关于制造业尤其是装备制造业的相关思考，由于日常工作繁忙，也由于缺少系统的思路，就陆陆续续地写了一些体会，还写了一本《价值链重构》的书，表达了一些观点，有些发布在我的博客以及相关微信公众号上。这个"漫长"的假期，让我有时间思考、串联、整理，加班加点完成了这本书。

感谢沈烈初副部长、孙祖梅副部长、马忠智主席等老领导的关

后记

怀,感谢徐东华院长的细心指导,感谢机械工业经济管理研究院及国装智库同事的鼎力相助,感谢老友加同事傅强在"产业 & 城市 & 创新"构架中提供的宝贵思想以及本书唯一的那幅图。我相信,在你们一如既往的大力支持下,已经举办了五届的中国制造业上市公司价值创造论坛会越办越好,国装智库的工作也会为产业创新和城市创新提供应有的价值。

我会永记:不忘初心,牢记使命,克服困难,砥砺前行。

周永亮

2020 年 2 月 13 日

参 考 文 献

[1] 沈烈初. 智能制造反思与期望[M]. 北京：机械工业出版社, 2019.

[2]《中国智能制造绿皮书》编委会. 中国智能制造绿皮书：2017 [M]. 北京：电子工业出版社, 2017.

[3] 国家制造强国建设战略咨询委员会. 中国制造2025蓝皮书：2017 [M]. 北京：电子工业出版集团, 2017.

[4] 徐东华. 中国装备制造业发展报告：2018 [M]. 北京：社会科学文献出版社, 2018.

[5] 王喜文. 中国制造2025解读[M]. 北京：机械工业出版社, 2015.

[6] 蔡剑, 胡钰, 李东. 从中国价格到中国价值[M]. 北京：机械工业出版社, 2008.

[7] 王煜全. 中国优势[M]. 北京：中信出版社, 2020.

[8] 胡泳, 郝亚洲. 张瑞敏思考实录[M]. 北京：机械工业出版社, 2014.

[9] 胡泳, 郝亚洲. 知识论导言：张瑞敏的实践智慧[M]. 北京：机械工业出版社, 2015.

[10] 吴明曦. 智能化战争[M]. 北京：国防工业出版社, 2020.

[11] 黄卫伟. 以奋斗者为本［M］. 北京：中信出版社，2014.

[12] 哈克. 新商业文明：从利润到价值［M］. 吕莉，译. 北京：中国人民大学出版社，2016.

[13] 舍基. 小米之道［M］. 张琪，译. 杭州：浙江人民出版社，2017.

[14] 克里斯坦森. 创新者的窘境［M］. 胡建桥，译. 北京：中信出版社，2014.

[15] 周永亮. 中国制造业上市公司价值创造年度研究报告：2018 ［M］. 北京：机械工业出版社，2018.

[16] 周永亮. 价值链重构［M］. 北京：机械工业出版社，2016.

[17] 周永亮、孙虹钢. 方太儒道［M］. 北京：机械工业出版社，2016.